小学生の こころを育む 放課後生活

こころの居場所となる
学童保育・
放課後デイって？

近藤直子 著
Kondo Naoko

クリエイツかもがわ
CREATES KAMOGAWA

はじめに

２０２３年12月22日に「こどもの居場所づくりに関する指針」が閣議決定されました。居場所とは単なる場所ではなく、子どものこころのよりどころでなくてはなりません。小学生時代のわが息子にとっての居場所は学童保育所でしたが、なぜ居場所足りえたのか親として振り返りながら、私の専門である障害のある子にとっての居場所についても考えたいと思い、この本の出版を思いつきました。

一人息子がちょうど4歳児だった折に、学区の小学生が利用する学童保育所がいっぱいになり分割問題が発生しました。保育園父母の会会長として、学童保育に子どもを通わせている保護者と保育園の5歳児の保護者たちで「学童保育所設立準備会」を立ち上げるよう手はずをとった後、夫にその活動を任せました。新たにできた学童保育所に息子は6年間通いました。夫は父母会主体の学童保育所の運営委員長を13年間務め、私は息子が小学4年生の時に「学童保育後援会」を立ち上げ、20年間会長職を務めました。家族全員学童保育大好き！

そんなご縁のためなのか、全国学童保育連絡協議会機関誌『日本の学童ほいく』に、２０１５年度後半と２０２３年度前半に連載をさせていただきました。２０１５年度の「小学生のこころのヒ・ミ・ツ」は、大学生に「発達心理学」の講義で教えていたことを中心に、小学生のこころの発達についてまとめました。現在、愛知県の「放課後児童支援員認定資格研修」で、「子どもの発達理解」「児童期の発達理解」としてお話ししている内容でもあります。研修に参加した元教員の支援員さんが「授業についてはいろいろ学んできましたが、子どものこころの理解は不十分だったと通感しました」と感想を伝えてくださり、「お話ししてよかった」とうれしくなっています。

新型コロナウイルス感染症が流行り、保護者と学童保育の職員の交流が減り、あらためて〝学童っ子〟を取り巻く大人たちの関係を考えたいと、２０２３年度前半には「子どももおとなもステキになれる学童保育」を連載しました。子どもにとっては、自分の思いをわかってくれる大人がいることが「安心」の土台。子どもたちに安心を届け、大人同士も楽しくなるような学童保育の取り組みを築く手がかりとなればうれしいなと思っています。幸いなことに連載後、いくつかの県の学童保育連絡協議会から講演の依頼をいただき、「お役に立てたのだ」と思えました。

そして私は障害のある子どもの発達が専門なので、障害のある学童が利用する「放課後等デイサービス」の研修も担当させていただいています。1歳半健診後の発達相談や保育所の障害児保育の巡回指導での実績に比べると、出会った子どもの数は少ないのですが、学童保育に通う障害のある子の理解にも少しは役立てるかとまとめてみました。

家庭でも、学校でもない、小学生が放課後過ごす場が、子どものこころにとってどういう意味をもつのか、みなさんで考える時の手がかりとしていただければ幸いです。

2024年9月　近藤直子

小学生のこころを育む放課後生活　もくじ

Part 1

小学生のこころのヒ・ミ・ツ

小学生の心理は、ともすると学校での学びに関わる問題として描かれることが多いのですが、子どものこころは、誕生以降、まずは保護者との関係を中心とした家庭生活を通して育まれていきます。

小学生にもなるとぐんと生活圏が広がり、家族との生活や関係だけでなく、学校生活や放課後生活も含めて、仲間や近所の人との間で育まれていくのですが、だからこそ、子どもの顔は時間帯や活動場所・活動内容・関係する相手によって、大きく変化します。私たちが見ている顔だけがその子の顔なのではありません。だから親子の間のずれも拡大してしまいがちになります。

そんな小学生のこころのありようを理解する手がかりとして、まずは私の小学生時代のこころのこと、そして低学年と高学年のこころのありよう、そして親子関係にまつわる問題についてまとめてみたいと思います。

Chapter 1

悩み多き少女時代

1 「みなさんは何歳頃のことだと覚えていますか？」

「発達心理学」の最初の授業で尋ねると、多くの大学生が「5歳頃から」と答えます。ということは、ほとんどの大人は小学生以降のことであれば覚えているということになりそうです。でも私たちは、起きた出来事すべてを覚えているわけではありません。小学校の入学式の日の朝に何を食べたかを覚えている人はあまりいませんよね。私の入学式の思い出は、母が隣にいたことと、「校長先生のお名前は何といいましたか？」という先生の問いに、クラスの男子一人だけが「有川校長先生です」と答えたことです。自分が答えられないことを答えた子がいたという驚きと、その子のことを「お利口な子だね」と母が言ったことで気持ちが動いたからです。

私たちは日常繰り返されていることはあまり覚えていませんが、自分の感情が揺さぶられたエピソードは覚えているものです。私の古い記憶の中で最も鮮明な記憶は、5歳の時に潮干狩りに行った先で迷子になったというものです。海岸のトイレに母と二人で行き、トイレから出たら母がそこにいませんでした。しばらく待っても母が出てこないので、「捨てられた！」と涙が次々とあふれてきて、家族を探してさまよい歩き、結局、父の会社の同僚に見つけてもらい、事なきを得ました。「捨てられた！」というつらさは70年近くたった今でも鮮明に思い出せます。

なぜ「捨てられた！」と思ったのでしょうか。

私が3歳の時に、姉が結核性の関節炎に罹患し、1年間ギプスをはめて暮らしていました。母はとても大変だったと思います。お風呂屋さんに行くにも姉を乳母車に乗せ、妹を背負い、その後を私がついて歩くという状況だったそうです。私はそのことを覚えていませんが、私の息子が3歳になった時に、「3歳ってこんなに小さいんだよね。でもあなたが一番役に立ったからいろいろやってもらった」と母が語っていました。その頃から、母と並んで歩くのは姉と妹で、私は後ろからついて歩くという行動スタイルができ、それは青年期になっても続いていました。後回しにされる、手をつないでもらえないという日々の中で、「母に愛されている」実感がもてなかった私にとっては、トイレから出るのを待ってもらえなかったエピソードが「捨てられた」記憶となったのでしょう。

毎日の細かいことは覚えてはいなくとも、子どもは感情を揺さぶられるエピソードを積み上げる中で、自分の中に様々なストーリーを編集していきます。私は「母に愛されていない」というストーリーを自分の中に綴り続けていました。母と手をつなぎたいのにつなげず、小学生になってからもデパートでよく迷子になりました。内またで歩くために靴が脱げてはきなおしているうちに、母と姉と妹を見失うのです。

2 つらいストーリーを語る

もちろん、小学生時代の毎日がすべてつらかったわけではありません。学校は勉強しに行くところで同級生と遊ぶところと思っていましたから、勉強はしたたし、休み時間には、低学年ではマリつきや蛇じゃんけん、うんていやゴム跳びなどを、高学年ではドッジボールや鉄棒をクラスの子と楽しみました。でも放課後、家に帰った後まで同級生と遊ぶ気はなく、宿題をするか本を読むかテレビを観るかという生活でした。

しかし時々感情が爆発してしまうのです。「愛されていない」という思いが母に甘える妹への嫉妬となり、日常的にも妹へのきついことばになっていましたが、妹が母に甘える姿を見せつけられるとこらえきれず、小学2年生の時には、妹が朝、母の布団に入りに行くのが許せなくて、2階の階段から突き落としました。母に素直に甘えられない裏返しで、私の嫌いな料理を作るにおいに腹を立て、食卓の「シチュー」を見た途端「私が嫌いやってわかってるのに、何で作るの！」と叫んで箸を母に投げつけ、泣きわめきながら2階の子ども部屋の押入れにこもり「死んでやる！」と自分の首を絞めて苦しくて我に返ったこともありました。私は学校の成績がよく、学級委員や児童会役員を務めるだけでなく、掃除などの雑務も真面目にこなすため、「模範児童」のように言われていて、母は先生方にも相談できなかったようです。

「愛されたい」と母に直接語ったことはありません。つらいことがあると、私は飼い犬に語っていました。母は子ども時代に犬に噛まれたことがあって犬を嫌っていましたが、私が父にねだって飼うことになった犬です。朝夕の散歩も糞の始末もエサやりも、すべて私のしごとでした。たまに日曜日の朝に父と散歩に連れていくことが楽しみでした。学校から帰ると彼女は尻尾を振って私を歓迎してくれます。私が嫌いな給食のことや学校での出来事を語りかけると首をかしげてじっと聞き入ってくれる彼女が、私のカウンセラーだったのだと思います。嫌な気持ちが膨らむと、彼女に母や妹の悪口を語っていました。そんなふうに私に嫉妬されていた妹も、必ずしも「幸せ」ではなかったようです。妹が還暦になって出した本に「私は普通の家庭の温かさを知らずに育ちました」と書いていたからです。

子どもにもつらいこと、悲しいことがあります。語ることで楽になるのに語れずに、「小さな胸の内」にしまって耐えている子もいることでしょう。思いを親に安心して語ることができれば、ずっと楽に生きられるのにね。

3 母の人生を見つめる

私の親たちは大正世代ということになりますが、ちょうど青年期の真っ最中に戦争を体験している世代です。戦争が激しくなり出した１９４３年に、親たちの意向で母はいとこである父と結婚しました。勉強の大好きな母は結婚など考えてはいなかったでしょうし、女学校卒業後には女子高等師範学校に進学したいと考えていたようです。親の決めた結婚、学び続けたいのに中断させられたこと、そうした「満たされなさ」が母を覆っていたように思います。子育てもしながら二つの大学の通信教育部を卒業したほど学ぶ意欲が高く、当時5年生の姉を筆頭に、末が幼稚園児の妹という3人の子どもを残して、夏休みの42日間、大学のスクーリングのために東京に下宿したほどの人です。私たちがテレビを観ている間も一人、勉強していました。5人兄弟の長女として、甘えることを知らずにいろいろなことを耐えて育ってきたようです。感情を押しころすことに慣れてしまっていて、私たちを叱る時も感情的にならず理詰めでした。私の夫は母のそうしたありようを「氷の情熱」と呼んでいました。表面上は冷静で冷たいけれど、内面には何か満たされないどろどろしたものがあるというのが夫の直観でした。

何事も理詰めなので、小遣いの値上げ一つでも3人で団体交渉しましたが、いつも論破されていました。「叩かれる方がましだよね」と妹と言い合ったりしたくらいです。もちろん母は勉強だけをしていたわけではありません。日々の料理も弁当も手作りですし、私たちの着物や服も手縫いで、休みには映画やデパートにも連れて行ってくれた母親です。私たちは掃除も洗濯も料理もしつけられ、小学生時代に家事はすべてこなせるようになりました。しっかりした、ちゃんとした母だったのです。

でも親子の間は「理屈や行動が正しければよい」というものではなく、「かわいいと思われている」と実感することや、「親も人間なんだなぁ」と感じるあたたかさが「幸せ」感には必要なのではないでしょうか。恋人も夫婦も、相手に「正しさ」よりもやさしさや受け止められ感を求めているのではないでしょうか。愛は理屈では語りきれないから、昔から小説や詩に歌われてきたのだと思います。大人になって、結婚もして子育ても体験する中で、母のつらさや満たされなさも理解できるようになりましたが、私の中にいる「幼い私」は今でもたまに「愛されたかった」とつぶやいています。特に夫が亡くなってつらかった日々に、そのつらさゆえに母との葛藤が夢として現れ、よけいにつらくなる体験をした時には、母に対する強い怒りまで感じました。人間って、ややこしいですね。いったん創ったストーリーは感情体験を伴うだけに、残念ですがそう簡単には消えてくれないのです。

小学生時代だけでなく、子どものこころの育ちにとって大切なことは、親の愛を実感でき、安心して日々を送ることだといまさらながら思っています。母のように親が勝手に結婚を決め、本人の夢を奪うような時代は二度と繰り返してはいけません。もちろん、親がわが子の命を奪わざるを得なかった、沖縄戦のような悲劇は絶対に起こしてはいけません。

安全な社会の中で親に愛され、安心して生きる権利を子どもたちは有しています。みなさんの中にいる「幼いあなた」は安心して育つことができましたか。いま「幼いあなた」はどう思っているでしょうか。わが子と向き合う時、私たちは「幼い私」と向き合わざるを得なくなりますが、向き合うことがつらいと感情を爆発させてしまう方もいることでしょう。自分一人で「つらいしんどいストーリー」を抱え込まずに、パートナーやこころを許せる人、信頼できるカウンセラーに、あるいは幼い私がしていたように飼い犬にであったとしても、語ってみることが大切です。自らのストーリーを語り、書き記すことで、私たちのこころのストーリーは整理され、新たなストーリーとして編集されていくのですから。

こころが育つということについて、私と一緒に考えてみてください。

Chapter 2

爪噛みにこめられたもの

1 親子ともに爪を噛んでいたけれど

私の癖は爪噛みです。３歳頃から現在まで実に70年以上続いているしつこい癖です。最近は爪ではなく、爪の周辺の皮膚を噛むため、噛みすぎて出血することもざらです。噛むのは主に電車の中と家で、手持ち無沙汰になるのがいけないようです。

私は幼児期から偏食がきつく、特定のメーカーの特定のふりかけをかけたご飯と、わかめの味噌汁で育ったと言っても過言ではありません。大人になった今はずいぶんと食が広がりまし

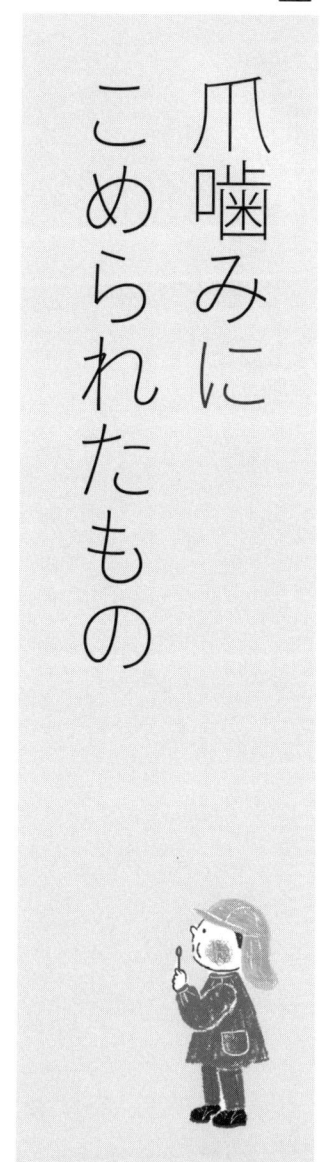

たが、それでも和食オンリーです。洋風や中華風のにおいも味も苦手で、エスニック料理などとんでもありません。おねしょは中学2年までしていました。妹への暴言、暴力も高校時代まで続きました。一つひとつのことが母を悩ませたのでしょうが、爪噛みも悩みの種だったようです。ヨードチンキを塗られ、手袋をはめさせられ、それでも噛むので二重にはめさせられ、足の爪を噛むようになってしまいました。結局、小学生時代が最もひどかったのですが、ましにはなったものの、爪噛みは消えないで今も続いています。

息子も3歳後半で爪を噛むようになり、「お母さん、この頃お仕事が忙しすぎませんか」という担任のことばを「お便り帳」で読んだ時に、「私のせいやというんかいな！」と正直腹を立てました。家ではほとんど噛むことはなく、保育園で噛んでいたからです。

爪噛みのような癖が出ると、「私のしつけが悪いのかしら」と気にして、母のように叱ったり噛みにくくして直接やめさせようとする親も多いようですが、それでは結局私のように大人になっても続く癖になってしまいます。なぜなら、癖が出てくる本当の理由に対して向き合っていないからです。さらには、「癖を出しているあなたがいけない」というメッセージを親が送ることになり、子どもを不安にさせるからです。

息子の爪噛みは出ては消え出ては消えて、小学校卒業までに完全に消えてしまいました。「時が来たらなくなる」というのが私の見通しで、その通りになり、現在はとてもきれいな爪をしています。

2 癖が出てくるのはなぜ？

それでは爪を噛む癖はなぜ出てくるのでしょうか。癖はおおむね4歳前後にめだち始めます。４歳頃には子どものこころは仲間の能力に向き始めます。クラスのカッコいい仲間の能力にあこがれ、鉄棒や登り棒に挑戦しますが、なかなかできるようにはなりません。変身したいのに変身できない時、私たちのこころは揺れます。こころが揺れると行動しにくくなり、手持無ち沙汰になった手の収納先を求め、鼻にもっていけば鼻くそほじくりに、口にもっていけば爪噛みに、ポケットに突っ込む、性器をいじるなどの癖も、こうしてめだつようになっていきます。子どもはあこがれたことを制覇すると、また新たな能力にあこがれ、挑戦を繰り返すため癖が続くのですが、次第にポイントをおさえて効率よく挑戦できるようになり、５歳を過ぎてくると癖はぐんと減っていきます。ですから大人がすべきことは、子どもの挑戦を応援することです。保育者はコツを教えるなど直接的な応援をしますが、保護者が教えようとすると、大体がうまくできないわが子に腹を立てて、かえってこころの揺れを大きくしてしまうことが多いと思います。保護者の応援は、コツを教えることではなく、お手伝いや子どもの好きなことを大切にすることで、「あなたにもあこがれられるステキなところがあるよ」と伝えること、そして鼻くそほじくりも爪噛みも、かわいいわが子の頑張りの証明としてあたたかく見守ることではないでしょうか。私の亡き夫の癖は鼻くそをほじくることで、寝ている間にもほじくっていて、朝になると枕の周りに鼻毛付鼻くそが落ちていました。それを拾ってゴミ箱に捨てるのが私の朝一の仕事でした。夫が亡くなった今、鼻くそすら愛おしく感じています。

癖も本来は一過性のもの。そう思えば愛おしくなりませんか？

3 「問題行動」の中にある発達の芽

癖だけでなく、保護者が「問題だ」「マイナスだ」と思う行動の多くが、実は子どものこころの発達の成果だという側面をもっています。仲間の能力にあこがれて挑戦し続けている4歳児は「ウソ」もつきます。タッちゃんの逆上がりにあこがれて、毎日練習していると、保護者に語りたくなります。「タッちゃんてすごいよ、逆上がりができるんだ」。保護者はつい、「あなたは？」と尋ねます。毎日タッちゃんの姿を思い描いて一所懸命練習しているため、「今日できたよ」などとつい言ってしまいます。「そうよかったね、見せて」と保護者が言った途端にウソがばれてしまいます。「ウソをつくなんて」と、腹が立つかもしれませんが、子どもは保護者をだまそうと思っているわけではありません。それくらいタッちゃんにあこがれているということなのです。ですから私は、これはウソではなく「イメージトレーニングしている」ととらえています。あこがれを頭に思い描くから、子どもは頑張り続けられるのです。あなたは、マイナスに見える行動の中にステキなこころを見ることができますか？

5歳を過ぎて挑戦がうまくいくようになってくると、子どもは自分が「発達して大きくなっていること」を実感し始めます。年長児は「もっと大きくなりたい」と頑張るので後半期にはぐっと伸びていきます。親はひと安心しますし、子どもは癖もウソもクリアしていきます。「問題」は、力をつけたいと頑張る健気なこころの表れでもあったのです。

小学生になると「もっと大きくなりたい」というこころは、「自分の大きさ」を確かめようとして、勉強やスポーツだけでなく冒険や貯蓄にもいそしみます。自転車で暴走したり、忍者のように家の間の狭い空間を横走りしたり屋根にのぼるのも、「入ってはいけません」という場所に入るのも、「妖怪ウォッチ」「ムシキング」「セーラームーン」グッズなどその時代の流行りものを蓄えるのも、自分の大きさを確かめたいという潜在的な願いの表れです。「危ない真似をしてはいけません」「無駄遣いをしてはいけません」というだけでは彼らのこころはおさまりません。「自分の大きさ」を実感しうるステキな体験を潜在的に求めているのです。そうした彼らの願いを応援することが、大人の責務ではないでしょうか。

しかし、表面上の「問題」だけを見て「厳しく叱るべき」「とるべき行動を教えなくては」と考える大人の方が、残念ですが多いのが現実です。爪噛みを矯正しようとした私の母だけでなく、保護者の多くは「叱る」ことで「問題」を消そうとしますし、子どもは「自分の願いをわかってもらえた」喜びを実感しにくくなり「問題」を繰り返してしまいます。

誰もがこころの発達の過程では「問題」を出します。変わろうとする願いはあっても、人間はそう簡単には変われないからです。大人だってそうですよね。「もう少し子どもの気持ちを汲んでやりたい」と思っていても、忙しい日々の中では結局叱りとばしているという方もいるでしょう。変わりたいのに変わることが難しい時、私たちは「問題」を出しますが、子どもは成長期にあるため、「変わること」をやめることはできません。だとしたら、子どもの変身への挑戦を応援し、子どもが「問題」を出すことも含めて、安心して新たな自分に挑戦できるようにしてやりたいものだと思います。

4 マイナスも含めて自分を好きになって

こころが発達するということは、自分の中に自分らしい「ストーリー」を編み込んでいくことです。そのストーリーはなるべくであれば「幸せなストーリー」であってほしいと思います。「自分は愛されている」「自分にはよいところがある」と感じられるならば、前向きに生きていくことができるでしょう。「自分は愛されていない」「自分は嫌われている」「自分はダメだ」といった悲しいストーリーを編み出すと、生きていくのがつらくなります。どうやって死ぬかと考えていた頃の私は決して幸せではありませんでした。勉強ができても、先生方に「模範児童」と思われていても、それで「幸せ」になりえたわけではありません。

発達の途中で出す「問題」は、いわば当たり前の出来事。マイナスに見えてもそれは次の「ステキな自分」に向けた助走です。そんなマイナスは、「マイナスも含めてかわいい」と保護者に受け止められるだけで、次へのエネルギーとなります。「愛されていない」「自分はダメだ」といったストーリーから生み出されてくるマイナスは、そう簡単にはクリアされません。時間もかかるし、多くの人の援助も必要になります。

私が「愛されていない」マイナスな自分をクリアし始めたのは、21歳の時に障害のある子どもと出会って以降です。2時間も3時間も頭を床に打ちつけていた子の「思いを理解したい」と熱望している自分に気づいた時、自分のつらさだけに縛られている自分から抜け出し始めたことを感じ、彼が私に「遊んで」というように手をさし出してくれた時、自分の存在意義を感じて涙があふれました。ことばもなく自分の要求を伝える手段すらもたなかった障害児とわかり合える喜びを実感した時、「愛されていないつらさをわかってほしい」と願う自分だから、「子どもの思いを理解する自分」になりうるのかもしれないと、それまでの「つらかった」自分をも愛おしむことができたのです。こころに抱えたマイナスも条件があればステキさに変わりうる、人間の発達の不思議を自ら感じた出来事でした。子どもたちが自分を愛おしみ、自分を好きになり、幸せなストーリーを描いてほしいといつも願っています。

Chapter 3

怪人二十面相の冒険

1 不安がいっぱいの1年生

「もっと大きくなりたい」と願い始めた5歳児たち。保育園や幼稚園の年長さんとして「カッコよく」頑張ってきました。リレーのバトンの受け渡しだって、練習して上手になりました。生活発表会の劇のせりふもしっかりと言えました。「もっと大きくなりたい」と、小学生になることを楽しみにランドセルを背負ってみたり、届いたばかりの勉強机に向かってみたりして入学式を待ち望んでいます。

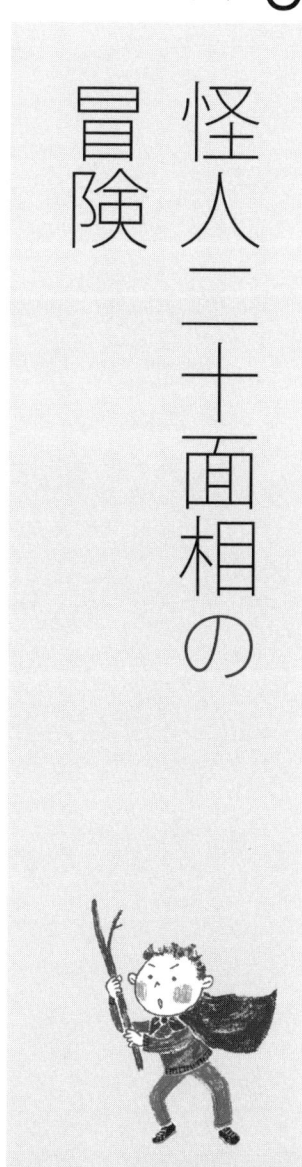

しかし小学校に入学すると「えっ！」という体験をします。大きいつもりだった自分がとても小さいということを思い知らされます。学校の敷地は広く、校舎も4階建てだったり、しかも2棟あったり、校庭は園庭とは比べものにならない大きさです。生徒の人数も多く、6年生は大人よりも大きかったりします。全校朝礼の時にはどこに行ったらよいかわからないし、不安でたまらなくなります。入学まもない5月に実施された運動会では、1年生は徒競走のみだったりします。6年生のリレーの迫力にはおどろくどころではありません。

だから登校をしぶる子がいてもおかしくないのです。大きいはずの自分がいかに小さいか。私たち大人もそうした体験をすると、こころがかじかみますよね。「お母さんと一緒じゃないと学校に行けない」などと言うわが子に腹を立てないでください。マイナスは次への助走なのですから。

子どもたちはまずは身近なクラスの中で自分の「大きさ」を感じようとし始めます。私が息子の参観日に、息子の後ろの席の子とおしゃべりをしていたら、女の子たちが取り囲み「おばちゃん、その子なに言ってるかわからないでしょう」とわざわざ言うのです。「おばちゃん、よくわかるよ」と答えたら「ウソだぁ、先生だってなに言ってるかわからんって言ってたもん」と彼をさげすむのです。こうしたいじめのような言動も、実は自分の「大きさ」を示したいというこころから出てきます。「自分が大きく感じられること」がポイントです。学童保育に通う子どもがクラスで少数派だと気づくと、学童保育に行くのを嫌がる場合も出てきます。多数派に所属することが「大きさ」の証明だからです。これも、上級生から「竹馬が上手だなぁ」と認められたり、上級生と一緒に行事に取り組んだりするうちに、大きい友達のいる自分が大きく感じられて、葛藤を乗り越えていきます。

そんな1年生の不安は、親や担任や指導員への甘えや、所属集団における「大きさ」の実感によってクリアされていきます。不安を支えるあたたかい大人との関係と、その子なりの「大きさ」を大切にする大人の見守りが大切ですね。

2 世の中にはいろいろな「大きさ」がある

子どもたちは、学校生活にも学童保育生活にも慣れると、気持ちが落ち着き「大きさ」を求めて冒険を始めます。「大きいことがよいことだ」という価値観が子どものこころに育ってきているため、彼らは「大きさ」を求めて世界を広げていきます。自転車を乗りこなし学区外へも遠出します。一人では心もとないと、近所の子や級友を誘って出かけます。「学区外には行ってはいけません」という学校の決まりは早晩無視されます。未知の世界へ飛び出すことは大きいからできること。幼児には行けなかったところまで自分たちの足で行くことは、「未知との遭遇」世界征服の冒険です。家と家の間の狭い空間だって制覇します。

高さも征服し始めます。石垣を見つければのぼって忍者歩き。壁に挟まれた廊下を、手足を駆使してのぼる「蜘蛛登り」もお手のもの。木登りもせっせと挑戦します。屋根の上も平気。私ですら屋根の上でおしっこしたくらいですから、高いところからおしっこを飛ばすのは男の子の特権。男女ともに忍者修行にいそしむのが低学年の子どもの特徴です。

もちろんけん玉やコマ回し、一輪車などの技にも挑戦しますし、カードゲームなどで勝つことにもこだわります。大きくなりたいのですから。そしてカードを貯めること、人気のキャラクターグッズを蓄えることにも熱心になります。大人は勉強やおけいこ事に熱を入れてほしいと願うのですが、子どもはその枠には収まっていません。こころが「大きさ」を求めているのですから。

そしてちょっとした悪さをするのもこの時期の特徴です。「入ってはいけない」というところに入って事故に遭うのも、自転車で暴走して溝にはまり骨折するのも、ピンポンダッシュして叱られるのもこの時期です。

世界も空間も技術も財産も善悪もいろいろと試してみることで、ワクワク・ドキドキ感とともに自分の「大きさ」を自分自身に感じさせていきます。「大きさ」は危険や叱責と隣り合わせですから、自分がどれだけ大きいのかについても、何をどこまでしてもよいのかも、実際に試しながらつかみ取っていくのです。小学生は、学校では見せない顔を地域では見せて「悪にも挑戦する」怪人二十面相なのです。試行錯誤を通して自分ならではの「大きさ」、自分の価値をつかみ取っていく権利を有している時期なのですが、残念ですが最近は、子どもを危険な目に遭わせないために、遠出も木登りも禁止する保護者や学校も出てきています。

本来は大人の見守りの目がある低学年の時期に冒険し、試行錯誤することで、してよいことの「限度」を実感し、納得して「大きさ」の内実を仕分けしていくのです。高学年以降、青年期にかけて子どもたちは、「自分らしさ」を「大人が求めるもの」から「自分が実感するもの」へと組み替えていきます。その時期に低学年時代のような冒険をすると、非行として取り締まられてしまいます。低学年期では「馬鹿げた失敗」として許されるからこそ、子どもたちは安心して自分の「大きさ」の実感のために、大人から見たら「馬鹿げたこと」や「意味の見えにくいこと」に力を入れることができるのです。大人は勉強やおけいこ事など、大人から見て価値のあるものだけに集中することを求めますが、子どもはお父さんやお母さんのために生きるのではなく、自分の人生を自分で築き上げていくことを潜在的に求めています。だからこそ、小学生の冒険心を発展させ、試行錯誤の権利を保障する上で、高学年とともにワクワク・ドキドキする体験と様々な技術に挑戦し、「大きさ」を実感することのできる学童保育の価値が際立つのです。

3 自分の「大きさ」を感じられない時

この時期に自分の「大きさ」を実感できにくいと、子どもは自分よりも小さいと感じられるものを馬鹿にし、自分の「大きさ」を際立たせようとして障害のある子どもを馬鹿にすることも出てきます。ダウン症のカヨちゃん。「漢字が書けないから」と学童保育では1年生から馬鹿にされていました。しかしキャンプに向けた食事作りでは、お母さん譲りの腕を見せ、一転して1年生から「お料理名人」と呼ばれるようになりました。カヨちゃんは「大人になったらお料理を作る人になる」と夢を描き始め、中学生になると、日曜日にお母さんのために朝食を作り、コーヒーもいれてからお母さんを起こしてくれる親孝行の少女になりました。自分よりも小さいと感じられると馬鹿にするけれど、「大きい」と感じられる体験があれば「お料理名人」と尊敬できるのも低学年の子どものよさです。「馬鹿にしてはいけません」というお題目ではなく、実体験をくぐって相手を理解するという体験は、学童保育ならではともいえそうです。仲間を多面的に見ることは、自分を多面的に見ることでもあります。自分を小さいと感じてしんどい時、「大きいところもあるよね」と感じられる体験が求められています。

自分の大きさを実感できないと、自分よりも小さいものの世話をすることで大きさを実感したいと願う子も出てきます。障害児のお世話に力を入れて大人に認めてもらおうとする子も出てきますが、障害児をより小さい存在として扱うことで自分を大きく感じたいこころが強く働くと、必要以上に障害児のお世話をし、障害児の伸びようとする挑戦を阻害してしまいます。障害児は決して赤ちゃんではありません。カヨちゃんのように、みんなと同じく自分らしさを発揮していくことを願って生きています。誰もが自分のよさを実感していくことができればよいですよね。

大きさを実感しにくいと「非行」に走る子も出てきます。万引きの初発年齢は小学2年生ともいわれます。保護者の財布からお金を抜き出して友達におごるのも、高いゲームソフトを買って見せびらかすのも、万引きをするのも「大きさ」を感じたいからです。万引きは大人の目を盗むだけに自分の「大きさ」を一時的に感じさせてくれます。悪いこととわかっているし、後悔もするけれどやめられないのは、自分の「大きさ」を実感する「何か」が見つけられないからです。モノやお金や大人を出し抜くことで「大きさ」を実感するよりも、人間としての「ステキさ」で大きさを実感したいのですが、勉強でもスポーツでも生活力の面でも、そして日常の行動でも認められる機会が乏しく、叱られることや馬鹿にされることの方が多いと、追いつめられてきて万引きなどをしてしまう子どももいるのでしょう。

非行的な行動を叱ることは必要ですが、それ以上に大切なことは、子どもがなぜそのようなことをしたのかを理解することです。子どもに聞いても子どももなぜかはわかりません。自分のこころを客観的に見つめることはまだ難しいからです。何よりも大切なことは、子どものことを「大好き」と抱きしめてくれ、子ども自身の絶対的な価値を実感させてくれる保護者と、仲間から「大きい」と認められる体験だということを考えておきたいものです。

Chapter 4

秘密基地の魅力

1 考える力が育つ高学年

冒険もして「ちょい悪」もしてみた低学年時代の体験を頭の中で振り返ることで、考える力をぐんと伸ばすのが高学年の時期です。自分の体験を整理し始めるのが5歳児ですが、体験をさかのぼり振り返り始めるのが小学2年生頃、そして整理し振り返ることを頭の中で繰り返し取り組むのが高学年ということになります。この頭の中で体験を整理し、振り返ることを繰り返すことを「考える」といいます。「考える力」を本格的に身につけ始めた高学年の子どもは、

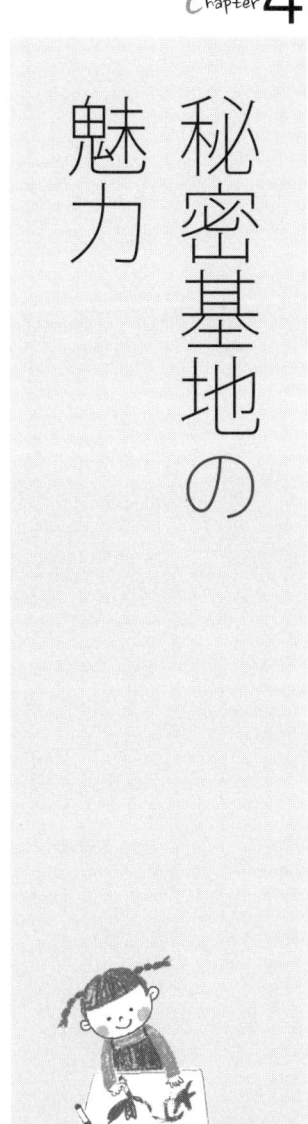

いろいろな場面で考える力を発揮します。

この時期の学校の勉強では体験を超えた世界へも足を踏み出します。分数や小数といった現実世界では目には見えにくい世界、歴史や地理のような体験したことのない世界、見えていたものが見えなくなる溶解や蒸発などの物理の世界、自分が出会ったこともない体験を描いた文学の世界へも足を踏み入れていきます。学力の差も教科の好き嫌いもはっきりしてくるのは、体験を超えた世界への関心のもち方と、体験を超えた世界をイメージする想像力と手がかりの豊かさが思考力に反映するからでしょう。体験を超えた世界に関心をもつためには、体験を語り合い整理するコミュニケーションの豊かさ、見えないものに目を向ける文化的な素地や手がかりの豊かさが求められます。学童保育の仲間と図書館や博物館に出かけることで、体験を超えた世界に思いを馳せることができればすてきですね。体験を広げるだけでなく体験を整理し、追体験やイメージを膨らませる機会を得ることで、見えにくい世界に関心をもちやすくなるのだと思います。

日常生活においては、冒険も試行錯誤から計画的なものへと飛躍し、児童文学の『トム・ソーヤの冒険』（マーク・トウェイン）、『宝島』（ロバート・ルイス・スティーヴンソン）のように、宝を探し、悪と戦うワクワクする冒険物語を好むようになります。探偵物や探検物が好まれ、ゲームソフトも「物語性」のあるものに変わっていきます。学童保育でも高学年は遠出のサイクリングや、自分たちだけでのお出かけが楽しくなってきます。

スポーツでは作戦を立てることが面白くなり、負けた体験も次へのステップとし始めて本格的に楽しめるようになり、練習にも計画的に取り組むようになります。部活やスポーツ少年団が成立するのはそのためです。カードゲームでも将棋や囲碁でも相手の手を読み、相手を出し抜く手を検討して「いかに勝つか」に力を注ぐようになっていきます。そのため大人に勝つ子も増えてきます。勝ち負けそのものではなく、そこに至るために「考え工夫すること」に面白さを見つけ出すと、おけいこ事も「その経過を楽しめるもの」に絞るようになり、「親が勧めたもの」ではなく、「自分が取り組むに値すると感じられるもの」にエネルギーを集約するようになっていくのです。

2 考えることがもたらすしんどさ

考える力がつくことは素晴らしいことであるとともに、子どもを大きく変身させることにつながります。頭の中で考えていることを振り返りうるようになると、人間関係に敏感な子では、自分だけでなく親も仲間たちも考えているのだといまさらながらに気がつき始め、他人の考えを斟酌するようになります。母親は口では「好きなことをしたらよいのよ」と言っているけれども、本音では「勉強を頑張れ」と思っているのではないか、「友達だよ」ということばに裏があるのではないかなどと考え、相手にどう思われるかが気になりだします。本音と建前に敏感になり、教師に対しても「ひいきする」といった批判が語られるようになります。

親や教師に自分の考えを読まれたくないと大人と距離をとる子も出てきます。秘密をもつしウソもつきます。児童文学『秘密の花園』（フランシス・ホジソン・バーネット）のように、秘密をもつことが発達の証でもあるのです。ウソも幼児のような、ばれるようなウソはつきません。いじめられていた子が自殺に追い込まれた時に「教師や親がなぜ気づかなかったのか」と批判されますが、この時期ではいじめを秘密にして隠し、「いじめられてなんかいない」とウソもつくのです。面と向かって尋ねられると、こころを読まれることが心配で、弱音も吐かなくなる子どももいます。

高学年の時期になると、子どもの死因に自殺が登場するようになります。私が本格的に自殺を考えるようになったのは6年生の時でしたが、性的成熟が早まっている現在ではもっと早くに考える子がいるかもしれません。悩むことができるようになるのもこの時期からで、「何のために勉強するのか」「何のために生きるのか」といった答えの出ない問いを考えることが「悩む」ということだからです。

高学年の時期は、人生の意味のようなつらく重い問いではなく、試合のために作戦を考える、お出かけや旅行の計画を立てるなどワクワクする楽しいことに向けて考える力を使ってほしいものです。学校行事や学童保育の行事で「自分たちで考え実行する」ことを重視するのも、考えることの楽しさを実感してほしいからでしょう。失敗を振り返ることよりも、次に向けて何をするかというクリエイティブな思考を大切にしたいものです。

考えることで大人と距離をとり始めた子どもにとっては、今まで以上に仲間の位置が高まり、仲間にどう見られているのかが重要になっていきます。だから仲間とは楽しい体験を共有してほしいし、仲間とともに考えることで楽しさが倍増する体験を保障したいのです。

3 放課後生活に高学年らしい輝きを

放課後生活は家庭や学校とは異なる意味をもち、独自の輝きを放つものです。学校は学級を単位にした決まった人間関係の中で、学習という目標に向けて活動し、過ごす場であるのに対して、放課後は本来、いつ誰とどこで何をどれくらいしても自由な時間帯です。開発途上国などでは放課後はなく、子守りや水汲みなど家の手伝いをする時間帯というところもありますが、児童労働から基本的に解放されている日本では、学校が終わればいつ誰とどこで何をどれだけしてもよいから、低学年の子どもは寄り道を含めた冒険や忍者修行に出ることが可能になり、高学年では部活動などでスポーツや音楽に取り組んだり、塾の前後に仲間でつるんで遊んだりして、仲間関係を深めるようになるのです。

学校での学びはその後の学習の土台として力にはなっていても、大人になって思い出すのは授業の一コマよりは、授業外の出来事ではないでしょうか。授業に関わって思い出すとしても、級友の家で班の学習資料を作成したことや、合唱祭や運動会に向けて集団で練習したことが中心ではないでしょうか。それは、この時期、子どもにとって仲間が重要な位置を占めているだけに、仲間とともに「取り組んだこと」が感情を動かすからです。私が学校生活で最もよく覚えていることは、ニュース映像の真似をして、朝礼の後にクラスメイトとスクラムを組んでスローガンを唱和しつつ教室になだれこんだことや、放課後の時間にクラスメイトを引き連れて職員室に行き、クラスの「問題児」とされていた男子に対する教師の姿勢を批判したことです。彼に対する教師の決めつけが許せませんでした。児童会選挙の際の演説がウケたことなども含めて、学校生活で覚えていることは授業場面ではなく、授業以外の時間帯に仲間との関わりで自分からしたことばかりです。

高学年になると自分の考えをもつだけに、ドキドキしつつも自分で選んだこと、自分で考えたこと、自分で判断したことが自分の中で大きな位置を占めるようになります。それは、ドキドキしたことや、自分が判断したこと、仲間との関係で取り組んだことが記憶として残っていくということなのです。いつどこで誰と何をどれだけしても自由な放課後は、ドキドキ・ワクワクの宝庫です。そして自分で判断し行動するという主体性を伸ばす大切な時間帯でもあります。仲間とともにドキドキ・ワクワクを体験し、将来「自分らしさ」を花開かすための宝探しの舞台が放課後生活なのです。

仲間関係が重要になる時期だけに、仲間とともに何に取り組むかが問われます。仲間はずしやいじめのような陰湿な仲間関係に対しては、ドキドキ・ワクワクする活動に向けた仲間との共同を対置することが必要です。集団内での位置が固定すると主体的な判断や行動が阻害されますが、ドキドキ・ワクワクする関係の中では仲間関係に変化を生み出しやすくなるからです。そこに大人の役割があります。

昭和世代の高学年の子どもたちは、放課後の主体性を発揮する拠点として、大人の生活圏から一線を画して「秘密」をもつために、秘密基地を築いてきました。洞穴や空き家、空き地の木の上などがあこがれの秘密の隠れ家でした。『ドラえもん』（藤子・F・不二雄）の秘密基地は空き地の土管ですし、『二十世紀少年』（浦沢直樹）たちの秘密基地は空き地の雑草を編み込んで作った手製の隠れ家でしたが、空き地が減った現代の子どもたちはこうした秘密基地をもちにくくなっています。私は一時期、クラスの男子と空き家を隠れ家にしていました。息子は公園の木に「隠れ家」を作りたがっていましたが、大木が伐採されその夢は叶わず、わが家の空き室を自分流にコーディネイトし、後輩たちを連れ込んでいました。平成の子どもたちの秘密基地は一時期はゲームセンターでしたが、令和の今はどこになっているのでしょうか。親の目が届きにくい個室でしょうか。それともインターネットの仮想世界でしょうか。主体性を発揮する活動と活動の場が狭められ、こころの秘密基地が仲間と隔絶された孤独な基地になってしまっては、この時期の子どもにとってはしんどさが大きすぎるかもしれません。

勉強や部活動だけでなく、考える力をワクワクしつつ自由に広げられるような「時間と空間と仲間関係の保障を」とあらためて主張したくなるこの頃です。大人のあなたにもあったこの時期のワクワク体験を、あらためて思い起こしてみてください。

Chapter 5

放り出されたランドセル

1 小学生は甘えん坊？

小学校の高学年になると親と距離をとり始める子も出始めますが、低学年はまだまだ甘えん坊です。子どもは胎児期には母親の胎内で暮らし、誕生後も親の助けがあってはじめて空腹を満たすことも安全も確保されるという存在です。親あっての命なのですね。ですから子どもは、親との関係の中で命もこころも築き上げていくのです。寝がえり一つでも、親が声をかけ励ますから、しんどいのに親の方に向こうとからだをねじり、達成していきます。親との関係の中で世界を広げ、運動能力も、賢さも、そして「したいこと」をもつ自分も築いていきます。自分をもつから仲間にも目が向き、こころの世界を大きく広げ、小学生になれば「大きくなった自分」を意識し、より大きくなろうとしながら考える力をつけて、親から離れられる基礎を固め始めるのです。

このような過程に、保育士や教師、学童保育の指導員といった大人も深く関係しているのですが、こうした大人は主には昼間の時間帯に子どもと関わります。昼行性の動物として長らく発展してきた人間は、活動する時間帯の昼間は元気で、ぐんぐんと世界を広げていくことになります。保育士、教師、指導員は子どもが世界を広げる営みを応援する大人ということになります。それに対して親は、胎内からの延長線上の存在として、飢えを満たし、安全を確保することが最も重要な役割となります。ですから子どもが成長するに従い、子どもが元気な昼間は家庭外での活動を保障し、子どもに元気がない朝晩に家庭で保護することが親の主たる役割となるのです。

元気のない時間帯には子どもは大人への依存性を強めます。朝は目覚めてから十分に脳が活動するまでに1時間半はかかるといわれています。起きてから学校に出かけるまでの時間帯はまだ脳が十分に活動していないために、ぐずぐずしたり甘えたりすることが多くなります。そして幼児では夕方から、小学生では夜になると、からだが疲れてきて十分にパワーが出なくなり、マイペースで甘えん坊になり、宿題どころではなくなります。明日の時間割をそろえるのもひと苦労。特に低学年の子どもはパワーの落ち方が激しい上に、明日のために計画的にことを進める力がついていないため大変です。親の中には、ついつい腹を立ててしまう人もいるでしょう。

実は大人も同じように朝も夜もパワーが出にくく、マイペースで過ごしたいし、誰かがご飯を作ってくれたらいいのにと甘えたい気持ちになるものです。家庭に持ち帰ってまでの残業は、子どもの宿題と同じく、本当はしたくないですよね。だから親子の間に葛藤が生まれることになります。パワーが出にくく親のこころにゆとりのない時間帯に子どもは甘えてくるのですから、親はついつい腹が立って子どもにきつくあたってしまい後悔することになるのです。

2 親は甘えさせないとだめなの？

私が母との間に葛藤を抱えるようになったのも、まだ甘えたい3歳の時期に甘えにくい状況が発生し、必要以上に我慢していたからですし、そんな私の状況に対して、母が目に見える「問題」だけを見ていて、私が真に求めていることを理解しきれなかったからです。「お母さんに甘えたい」という思いを自覚していたのに言うことができなかったつらさが、より自分を苦しめていたのだと今は思いますが、実は子どもは思ったことを親に率直に言えない存在でもあります。5歳を過ぎると子どもは親のこころを思いやる力をつけるために、思ってはいても親に言ってはいけないと感じたことは我慢もするのです。虐待を受けた子どもが「自分が悪い子だから」と親をかばうのも、親と離れたら生きていくことができないという不安とともに、親を思いやろうとするこころが働くからです。

小学生はまだまだ甘えん坊です。親を思いやる力が育ってはいても、パワーがなくなった時は甘えたくなります。給食で嫌いなものが出た時には「どうやって先生にばれずに食べないでおくか」に頭を使い、宿題を請け負うこととひきかえに男子に食べてもらっていた私なのに、家では嫌いなものが出たらパニックになっていたのも、家では頑張りがききにくいからです。学校では模範児童の私なのに、家では「問題」を出していたのも、家では頑張りきれないし「やさしさ」を求めていたからでしょう。

そう考えると、「家では甘えん坊なのが当たり前」と割り切った方が楽ですよね。ちゃんとするのが当たり前と思うと腹も立つでしょうが、家族みんなが甘えん坊だから家族の愛が成り立つし、家族みんなが甘えん坊だから時には手抜きもありだし、助け合わなくちゃねと、家族に率直に甘えればよいのです。不機嫌の理由や手抜きの理由がわからないと、お互いがお互いの思いを斟酌するのにエネルギーが必要でしんどさが増します。夫婦間でも親子間でも正直に「しんどい」と語ることが必要です。「言わなくてもわかってほしい」はそれこそ甘えですよね。家族であっても別人格ですから「言われなくてはわからない」ことが実は多いのですが、甘えがあるとそのことを忘れてしまいます。まず一番大変な人から正直に家族に打ち明けてみてください。

小学生の子どもの甘えのポイントは、1日3回が一般的です。まず、朝の時間、さらに夜の時間（特に寝る前の時間）、そして帰宅時です。朝は忙しく、なかなかやさしくはできません。決まった時間に起こすだけでオーライくらいに思っていた方が無難でしょう。帰宅時の子どもはまだパワーが残っていますが、外の世界から家に帰った時にホッと肩の荷を下ろすため、文字通り肩の荷のランドセルを玄関に下ろしたまま放置する子も出てきます。「わが家は肩の荷を下ろせる家なのだ」と割り切りながら、「片付けなさい」と叱るということでしょうね。帰宅するとぐっとマイペースになる小学生。時間割をそろえさせるのもひと苦労という子もいることでしょう。最初は親が主導して子どもに手伝わせるという演出もいるでしょうし、教科書やノートを整理しやすいように、教科ごとに専用の袋を用意することなども必要でしょうが、時間的見通しができてくる2年生の後半以降は少し楽になると思って、親も頑張りましょうね。

何よりも一番甘えん坊なのは夜の就眠時です。幼児の時からそうでしたよね。起きていた自分から寝ている自分へと切り替えるには、ある意味でエネルギーがいるのです。お母さんに抱きついて甘えて、ぐっすりと眠りにつくことが子どもの幸せです。「今日はよい1日だった、明日もよい1日だろう」と、1日の終わりをよき終わりにすることで、明日への希望を胸に抱くことができるのです。忙しい親と子にとって一番大切なのは、夜のホッとするあたたかい肌のふれあいです。マイペースで甘えん坊で情けない自分が愛されているのだという実感は、子どもが発達途上で出すマイナスを、子ども自身が安心して乗り越える源でもあるのです。情けなかったり、だらしなかったりするわが子のかわいさを、抱きしめてくださいね。

3 いつまでも甘えん坊なわけではないけれど

高学年になると大人との間に距離をおく子が出てきますが、家庭での甘え方にはかなり個人差があります。私は母には甘えられませんでしたが、高学年になっても日曜日に父の布団に入り込んで一緒に相撲を見ることがありました。一人っ子のわが息子は、6年生になっても私と寝ていましたし、帰宅後に買い物で出かけるような時は私のパーカーの中に入り込んで、二人羽織のような姿で歩いていました。私も息子も小学生時代は身長が低くて幼い体つきでしたから、身体の方が未熟だったせいもあるのでしょう。

甘えん坊だった息子も中学校に入ったら自分の部屋で寝るようになり、急に身長が伸びた中学1年生の2学期には、もう私と並んで歩きたがらなくなりました。そうやって子どもたちは大人と距離をとりながら、親の思い通りではなく、自分なりの大人像を探して迷いながら青年期を歩んでいくのです。

身体の成長が早く、第二次性徴を迎えて生理や射精が始まった高学年の子どもは、低学年の頃のようには親に甘えにくくなります。からだが「子どもではなくなった」と感じているために、それまでのようには親にベタベタしにくくなります。好きな子ができたことや、仲間関係での不安やしんどさも親には語りにくくなります。揺れている自分の思考を読まれるのではないかと感じると、部屋にこもったり、ＳＮＳの世界に入り込むことで親と距離をおきます。仲間関係が重要性を増すことで抱える不安や戸惑いもあるのですが、そのことを親に語りにくくなると、秘密をもっていることを知られたくないがゆえにますます遠ざかろうとします。

子どもが遠ざかると親は不安になり、いじめられているのではないか、危ない目に遭ってはいないかと聞き出そうとしますが、子どもはかえって距離をとろうとします。距離が近いと秘密がバレそうに感じるからです。プライドが高い子ほど、情けない自分を親にさらせずに悩んだりします。わが子は「もう子どもではない」と関わり方を変える時期に入りつつあるのです。大人になりつつある存在として対等に付き合う心づもりをしながら、親子で並び合う関係を築いてほしいものです。親子が並んで料理をする、一緒にホームページを作成する、共通の趣味を楽しむなど、文化を共有する関係の中で会話を楽しみ、ホッとできる時間を保障したいものです。なんといってもまだ小学生です。ホッとする、楽になる時間が家庭では必要です。大人にとっても、家に「居場所がある」ことが明日への活力にとって欠かせないのですから、わが子がホッとできる文化を家庭生活の中で見つけ出していくことも親の役割の一つでしょう。わが家では、自然を楽しむ小旅行が、息子と父親（夫）の共有する文化でした。

Chapter 6

親も甘えていいんだよ

1 親の役割は安全と安心を保障すること

生まれる前から命を護り育んできた親は、子どもにとっては何よりも自分の命を護ってくれる存在です。そして乳児の時から抱き、あやし、子どもの喜びを自分の喜びとして慈しんでくれた親は、子どもにとってはこころの安心のよりどころです。パワーが出にくい朝晩に親に甘えるのも、こころの安心を求めているからです。子どもも私たちも発達の途上でうまく変身できずに揺れたり悩んだりしますが、そんな情けない自分のことも親は愛してくれていると思えるのは、朝晩、親に受け止められる生活があるからです。情けなくてもだらしなくてもマイペースでも、親は自分を愛してくれていると実感できることが子どもの幸せの基盤です。親に養育されていない子どもたちも、自分を受け止めてくれる、信頼できる大人の存在を求めています。

子どもの数が多くて、とても一人ひとりにじっくりとは向き合えないというご家庭もあることでしょう。それでも、一番幼い乳児をきょうだいみんながかわいがり、誰かが病気になれば親がその子の看病を担えるように家族が協力していると、一番パワーが落ちてしんどい時に命の安全とこころの安心を親が保障してくれたことで、子どもは親の愛を実感していきます。高熱やぜんそく発作で苦しい時、付き添い、抱き寄せ、背中をやさしくさすってくれるから、子どもは親を「大好き」と思うのです。

命の安全とこころの安心が保障されれば子どもたちは安定した日々を送り、日中のパワフルな時間帯に新たなことに挑戦し、自分で世界を広げていきます。乳児のように自分で外にも出られない時期でも、心身が安定していれば子どもは好奇心を発揮していくのですから、自分から世界を大きく広げていく小学生はじっとはしていません。外の世界もイメージの世界も、縦横無尽に大きく広げていきます。そんな時には、親があれやこれやと面倒をみる必要はほとんどありません。

それよりは、世界を広げるワクワクする冒険が「面白かった」というハッピーエンドになるように、地域の中で危険から子どもを護る大人同士のつながりを築くことの方が大切なのではないでしょうか。「仕事が忙しくて放課後も長期休暇も子どもの面倒をみることができないからかわいそう」などと思う必要はまったくありません。子どもが愛を求めている時に応えることの方が大切なのですから。

世界が広がれば子どもは少なからずトラブルにも巻きこまれます。学校に行きづらくなった、仲間とうまくいかないでいじめられている、そんなつらい時にも、家がこころの居場所になり、親を信頼できる子どもは幸せです。子どもは親よりも常に未熟な存在です。未熟さ、情けなさ、頼りなさ、そんなところを含めて乳児期から育ててきたわが子だと思えば、あらためて愛しさを感じますよね。子どもがしんどそうな時に一対一でじっくりと向き合ってください。お風呂に一緒に入る、一緒に買い物に行く、一緒に寝る、一緒に少し夜更かしする、そんな一コマが子どもにとっては大切な思い出になるでしょう。あなたもそうではありませんでしたか。

2 親も発達途上人

とはいえ、生活に振り回され忙しくしていると、ついつい子どものことが後回しになるし、「小学生なのだからこれくらいできて当たり前」と、子どものできなさや情けなさにイライラするのも親の当たり前の姿です。親も大人として職業人として親として発達途上にあるため、そうそう子どもの立場には立てません。

アメリカの発達心理学者である、エリク・ホーンブルガー・エリクソンは、大人とは「育成する」人だといっています。子どもの育成だけでなく、仕事で後輩を育成する、地域でのつながりを育成することをも意味しています。育成するということは目的に向けて人間関係を築くことですし、そのためには相手の立場に立って考え、行動することが求められます。相手の立場を理解しうるということは自分を客観的にとらえられるということです。でもそうした力をつけるには時間も経験も必要とされます。働き始めても親になっても、すぐには大人にはなりえないということです。

仕事がうまくいかなかったり、自分の仕事上の努力が相応に認められていないと感じると、職場の問題として解決する努力をするよりも、家族に対して甘えが出て、「私に協力して」と無理な思いをぶつけることも出てきます。昼間のパワーがある時ならばいざ知らず、みんなのパワーが落ちているのですから、家庭生活もそうそううまくは回りません。そうすると、本来は職場で解決すべきイライラを、パートナーや子どもに向けてしまう親も出てきます。

そんな時に家族に対して無理なことを求めていると気づくためには、家族以外の人にしんどさやイライラを語ることも必要です。例えば、学童保育所の保護者仲間に愚痴ってください。少なからず同じような思いをしている親がいるはずです。問題を一人で抱えていても解決しません。語ることで自分を少し客観的に見るだけでも、家族への対応が違ってきます。

日々の暮らしに充実感をもてないでいると、それは自分の学歴や能力のせいだと思う人も出てきます。「もっと幸せになるためには子どもにもっと能力をつけさせねば」と、子どもへの投資に熱心になる親もいます。おけいこ事や塾や部活に子どもよりも熱心な親もいますよね。「ただ遊んでいるだけの学童保育は時間の無駄だ」と思う親もいるようです。放課後は子どもが世界を広げ、自主性を高める時間帯です。本来、何をし、何をやめるかは子どもが選択できることです。親の思いを汲むことのできる子は、親が求める選択を無意識にすることも多いですが、小学校高学年や中学生になると嫌になることも出てきます。そうなった時に子どもの選択を尊重することも、実は親にとってなかなかハードルの高い発達課題です。

子どもが学校で級友に乱暴なことばを投げかけた、登校を渋る、万引きをしたなど、子どもが「問題」を出すと、親はますます揺れてしまいます。どんな親もその年齢のその子とは「初めて出会う」のですから、いつでも「若葉マーク（初心者）」といえるでしょう。きょうだいとはいえ一人ひとりが異なる人格をもつ存在です。同じように対応しているつもりでも、親の思い通りにはいかない子がいて当然です。「子育ての失敗」だなどと思わないでください。「失敗」と親に思われる子どものつらさを思いやれば、失敗ではなく「マイナスは新たな挑戦への助走」として見守り、子どもに安心を保障することが親の役割だと思い出していただけるのではないでしょうか。

3 親も子も、ともに育つために必要なことは

子どもは発達途上で「問題」を出す存在だということをchapter2に書きました。「問題」を出さない子育てはありえないのです。子どもは発達しようとするから「問題」を出すのですが、「問題」の出し方や「問題」を乗り越えるためにかかる時間には個人差があります。他の子よりも少し繊細だったり過敏だったり、大人に理解されにくいタイプだったり興味・関心に

偏りがあったりすると、「問題」をより大きく出したり、乗り越えるための援助を多く必要とすることになります。何よりも「そうせざるを得ない」子どもの思いを、親や大人たちが無視して、問題に対して「いけないこと」と罰したり、否定したり無視することで、子どもが「自分は愛されていない」と不安を高め、それによって「問題」が複雑化することが心配です。家庭状況が不安定で安心をもちにくい条件にあると、子どもの「問題」はより深刻化します。

それでは親は子どもの「問題」に冷静に客観的に対応できるかというと、親だから不安になるし、感情的になるのが一般的ではないでしょうか。かわいいわが子だからこそ、「問題」を早く消したくなるのが人情でしょう。

親は揺れて失敗してもよいのです。親も発達途上にあるのですから、子どもの「問題」を機に新たなチャレンジをする途上では「マイナス」を出す権利があるのです。だから、親の揺れによって子どもの不安が大きくなりすぎないように、子どもを支える仕組みと、親を支える人々の輪が必要なのです。子どもが自分のペースで「問題」を乗り越えていくことを親が見守るためには、とても大きなエネルギーが必要になります。親が充電できるように支えるのも教員や指導員の役割ですが、こうした人々も仕事で疲れていて支えきれないこともあるでしょう。そのために保護者会や子ども会などを通じての保護者同士のつながりが必要なのですが、保護者たちも素人であるために、苦しんでいる親や子どもを批判的な目で見てしまうことがあります。そうした場合には専門家の出番です。保健室の教員やスクールカウンセラー、スクールソーシャルワーカー、幼い時にお世話になった保健師や保育士に、親は「ヘルプミー」と声をかけてください。なぜ子どもが「問題」を出しているのか、「問題を出すこと」のプラス面と、そのプラスを活かしきれないしんどさを理解する手がかりがもらえるでしょう。「登校拒否・不登校問題全国連絡会」「『非行』と向き合う親たちの会」などへとつなげてもくれるでしょう。同じようなしんどさを抱えた者同士だから理解できる思いもたくさんあります。思いを語るだけでもこころは少し落ち着きます。子どもに安心をプレゼントするためには、親が安心を得ることが必要です。

職場でもこころを許せる同僚や先輩に率直に相談してみてください。「助けて」と素直に手を差し伸べた人を援助するやさしさは、多くの人がもっています。「どう思われるか」と不安に思うよりも、親子ともに「幸せ」を感じて生活できることの方がはるかに大切です。

私たちは何よりも幸せを望んでいますが、幸せを感じる基本は、愛されている、わかってもらえているという実感だということは、親子ともに共通なのではないでしょうか。

だからこそ、保護者の就労保障のためというだけではない、子どものこころを育む学童保育の意味を、指導員と保護者で考え合う手がかりとして、わが家の体験もふまえながらまとめてみました。わが家の子育て期よりもさらにいっそう、保護者の労働条件も生活もシビアになっている中、新型コロナウイルス感染症の流行によって学童保育の生活も制限され、指導員と保護者のみなさんたちが直接話し合い体験を共有する機会も減り、5類移行後ももとには戻っていない状況かと思います。そんな時だからこそ、子どもの居場所としての学童保育の活動を、大人たちで考え合う手がかりにしていただけたら幸いです。

Part 2 子どもも大人もステキになれる学童保育

こころの居場所とはどういう場なのかを考える上で基本となる、子どものこころの発達について、part1でまとめてみました。子どもがこころを安心して広げる上で、保護者や指導員に知っていただきたいこころの発達と、子どもが抱えやすい問題を提示しましたがご理解いただけたでしょうか。

このpartでは、学童保育が小学生のこころの居場所となるために、保護者と指導員は何をどのように大切にしていくのか、より具体的に考えてみたいと思います。地域に古くからある学童保育所は、保護者が必要に迫られて「自分たちで立ち上げてきた」歴史をもっていますが、それだけに「父母会活動」が盛んで、保護者は様々な活動への参加が求められたりして、「毎日の生活だけでも大変なのに何でそんなことまでしなくてはいけないの」と思われるかもしれません。

Chapter 1

ステキな思い出のプレゼント

1 どうしても「学習面」が気になるけれど

保護者のみなさんにとっては、小学校入学後は学習がうまくいっているかどうかが気になるものではないでしょうか。通常の学級において「学習や行動が気になる」と教師が感じている生徒が8・8%いるなどという報道にふれると、「うちの子、大丈夫だろうか」と本当に心配になる方もいますよね。「学童保育で遊んでばかりいてよいのか」と心配になる保護者もいることでしょう。

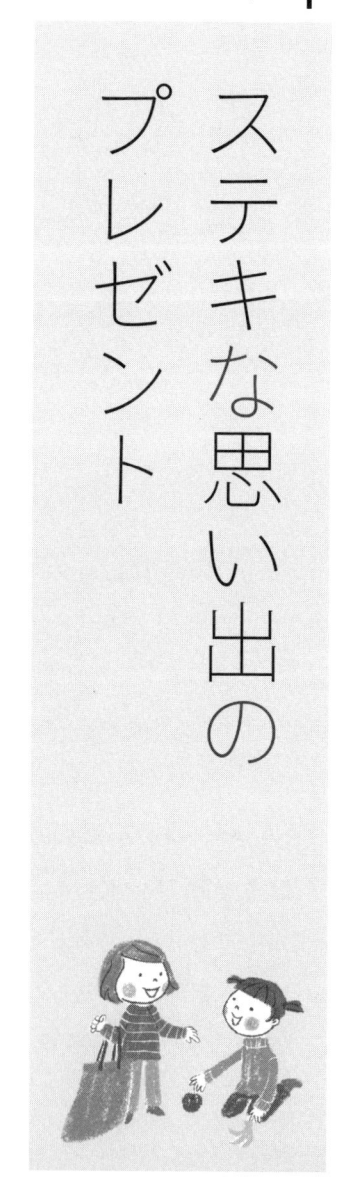

子どもでも大人でも「意味がある」と感じたことに主体的に取り組むものです。子どもは本来好奇心の塊なので、学習も新鮮に感じられると主体的に取り組みますが、「何でこんなことをしなくてはいけないのか」と感じると意欲が低下してしまいます。保護者の中にも、指導員の中にも、「漢字を何度も書かされるのはなぜ？」「何で計算問題を50問も解かされるの？」と思ったことのある方がいますよね。私は「問題を解くのが好き」だったので算数が大好きでしたが、私の息子は「電卓を使えば答えがすぐに出るのに、何で計算練習をしなくちゃいけないんだ」と文句たらたらでした。

私のような団塊の世代にとっては「遠足のおやつは１００円まで」という決まりの中で、親には普段買ってもらえないお菓子を上手に組み合わせて買うために、暗算で計算できることはとても便利なことでしたが、今は消費税がついているし、保護者が電子マネーで買い物をしていたりするのですから、日常生活を送る上で計算できることの意味を感じられなければ、計算練習に意欲がわかなくてもある意味で仕方がありません。

小学生が基礎学習に意味を感じられるようになるには、実体験が必要なのです。学童保育でみんなのおやつを買いに行くことも、カードゲームやサッカーの試合で星取表を作成することも、けん玉で「もしかめ」の回数を間違えずに数えて記録することも、班の名前決めで候補名をホワイトボードに読みやすく書くことも、そして行事に向けての話し合いで意見を書き留めることも、活動そのものに意味が感じられると、書字も計算も活動の一コマとして前向きに取り組むことにつながります。学童保育の仲間との路地探索は地理の学びに、昆虫採集や飼育は理科の学びに、さらに図書館や博物館へのお出かけは、体験したことのない世界への好奇心の源になっていきます。家族とはひと味違う学童保育所の異年齢の集団の中で、学習の土台となる実体験を豊かに育てていけるとよいですね。

2 小学生のこころの育ちを大切に

保護者にとっては学習面が気になることもあるでしょうが、子どもにとっては楽しく日々を送っていることの方が大切です。小学校高学年では自殺が死因に登場しますが、私も6年生で自殺を考え始めました。テストはいつも一番でしたが、それよりもこころの苦しさの方が勝っていたのです。

小学生時代のことは思い出に残ることを、ｐａｒｔ１で説明しました。再度振り返ってみましょう。記憶（思い出）に残るといっても毎日の出来事をすべて覚えているわけではありません。私たちはこころを動かされた体験をイメージとして蓄えますが、学童期になるとイメージを「起承転結」と時系列でつないで「ストーリー」として記憶するため、思い出として残りやすくなります。

実際のところ、保護者のみなさんも指導員さんたちも、学校の授業風景を思い出として覚えているよりは、授業外での思い出の方が残っているのではありませんか。

私の場合は幼児期から「母に愛されていない」と思っていたので、小学生時代の思い出の多くは、デパートで迷子になった時に自分から店員さんに迷子放送をしてもらったことなど、母に頼ることができなかったといった母がらみの思い出です。悲しい、つらいといった体験は、安心できる相手に語ることで感情体験が薄まるものなのですが、私のように語る相手がいないままだと子どものこころの底によどみとして沈んでしまいます。

低学年の子どもはまだまだ甘えん坊です。親や指導員に甘えたい思いを受け止めてあげましょう。嫌なこと、つらいことを大人が受け止めてくれることで、安心して世界を広げていきます。宿題や勉強よりも安心が大切です。そしてこの時期の子どもは大人に依存しながらも、自分が「大きくなった」と実感したいと願っています。幼児の時にはできなかった体験を求め世界を広げていきます。自転車で学区外にも冒険に出るし、様々なゲームで敵を攻略することに熱を上げたりします。一輪車やコマなどの技を極めるために練習もします。「世界を広げている」「大きくなった」と実感できる世界を求めています。

一方高学年になるとさらに考える力がつき、教科内容も難しくなります。考える力がつくということはステキなことであるとともに、実はしんどさにもつながります。みなさんも考えている時には、自分が考えているということを意識していますよね。子どもに考える力がついてくると、自分が考えているように、親や教師や友達も考えているのだと気づきます。親や教師がどう考えているか、友達は何を考えているのか気になり始め、他者のまなざしで自分を見るようにもなるし、親や教師を批判する力もついてきます。第二次性徴の早まりと相まって、自分の体の変化や他者からの見え方が気になり、自分がどう思われているか不安になる子も出てきます。いじめやシカト、秘密や悩みなど、高学年になったら学習が難しくなるだけではないしんどさを抱える子も出てくるのです。

学校から帰宅後、「お前のせいで私はこうなった」と母親にしつこく言うようになった子について相談を受け、「思いを吐き出す相手を増やした方が、子どももお母さんも楽になれるから」とペットを飼うことを提案し、なんとか事なきを得たことがありました。考える力がつくから子どもも保護者も苦しくなるのです。

子どもの幸せにとって大切なのは学習成果よりも、子どもが「意味を感じられ」「考えるとワクワクする」楽しい世界を保障すること、そしてしんどいこと、悲しいこと、つらいことを語ることのできる相手を保障することだと私は思っています。

3 小学生ならではのステキな体験

学童期の子どもたちに「楽しかった思い出」をいっぱい残してあげるために、保護者と指導員でタッグを組みませんか？　そのためにまずは、保護者のみなさん、指導員のみなさん、小学生時代の一番の楽しかったステキな思い出は何でしたか？　大人たちで思い出を出し合ってみましょう。そしてそれがなぜ「楽しかった」のかを考え合ってみましょう。

6年間、学童保育に通った息子によれば、学童保育所は、自分たちで考えて自分たちで取り組めるところがよかったのだそうです。学校では児童会役員をさせられていた息子が、他校との交流行事のための「あいさつ文」を家で真剣に考え、「ここで笑いをとる」とト書きまで書いて持って行った草稿を教師にずたずたにされ、帰宅後「こんなにずたずたにして〜。そんなら僕に書かせずに最初から自分が書いたのを『これを読め』と言えばいいじゃないか！」と怒っているのを見て、その教師は高学年の考える力を信頼していないなと痛感したことがあります。

一方学童保育では、地域の学童保育合同運動会の種目もみんなで考えるし、バザーの商品やキャッチコピーも、キャンプの献立や出し物も、高学年の合宿のプログラムもみんなで考え、楽しいことに向けて考える力を発揮していました。学童保育の指導員が自分たちを信頼してくれていることを感じられ、一緒に楽しいことを考え合い、工夫し、実現した仲間がいて、小学生時代に実体験を広げこころの世界も大きく広げ、楽しい思い出をもつことができた息子を、私はうらやましく思っています。

小学生時代は学童保育で元気に過ごしていたのに、中学生になって不登校になったりすると保護者はとても不安になります。休みの日にサイクリングやランニングに誘ってくれる学童時代の仲間がいる。それだけで親の不安は少しマシになります。外の空気を運んでくれるかけがえのない仲間たち。共通体験をもつ仲間だからこころを許せるのです。

新型コロナウイルス感染症拡大のために「我慢させられた」ことも多かったけれど、全国各地の学童保育では、保護者とともに協力し合って思い出づくりを工夫されたことと思います。「1日のデイキャンプだったけど行けてものすごく楽しかった」「学童祭りでお店を出したらいっぱいお客さんが来てくれた」「1年生にけん玉を教えてあげたら上手になってうれしかった」。楽しい思い出もたくさん。小学生だからこそ、時に大人のサポートも得ながら世界を広げることが楽しいし、異なる年齢の子ども集団だから体験できること、期待できること、あこがれることがいっぱい。

「中学生になってもみんなで集まりたいね」「来年は本格的なキャンプにチャレンジしよう」と、次のステップに向けてみんなで楽しいこと探しをしてみませんか。

そしてコロナ禍で嫌だったこと、悲しかったことも語り合い、整理し、つらい体験も安心して語ることのできる場を、みんなで築いていきましょう。

Chapter 2

家ではみんな甘えん坊

1 小学生の生活は学校・放課後・家庭生活で構成されるけれど

日本の小学生の生活の多くは、朝は家庭で目覚め、学校に行って学習し、放課後は学童保育やおけいこ事に通ったり、近所の友達と遊んだり、家でのんびりしたりして、その後、家庭で夕食を食べ、入浴して眠るというものでしょうか。児童養護施設で起床したり眠ったりしている子もいるでしょうし、夕食は保護者の職場で食べている子もいるかもしれませんが、学校は多数の生徒の生活を基準にして運営されています。

最近の就労家庭は、私が子育てをしていた1980年代に比べると、忙しくて大変になっています。わが家は、息子が2歳児の時から小学4年生まで夫が単身赴任していたので、「ワンオペ育児」ではありましたが、まだまだ楽だったと思っています。息子は住んでいた団地の中にある保育園に通っていたので、夕方6時過ぎには帰宅し、それから洗濯機を回しながら夕食を作り、7時までに夕食をすませ、遊んだりテレビを見てのんびり過ごしてから入浴し、9時に眠る。これがわが家の基本パターンでした。

また、当時の名古屋市の公立保育園の保育時間は朝8時から夕方18時までの10時間。パートの職員さんが保育準備と片付けをする前後の30分が「特例保育」という位置付けで、息子は園でただ一人の朝の「特例保育」対象児でした。基本保育時間が11時間の現在とは違いますよね。しかも平日の午後3時半以降に保育を受ける子はクラスで5人だけ。そして土曜日の3時半以降に保育を受けるのは息子のみ。マイペースの息子は、土曜日は自分の読みたい図鑑や本がゆっくり読めるので、私が早く迎えに行くと「何で早く来るの！」と言うくらいでした。全体的に時間の流れがゆったりとしていたと思います。だから保育士のみなさんも話し合いや保育準備もしやすかったと思います。

現在は保育士も教員も長時間労働が問題になっていますが、ゆとりがありそうに思うかもしれない大学教員も勤務がシビアになっています。息子は現在大学教員をしていますが、私が勤務していた時よりもはるかに大変です。文部科学省の指導強化により年間授業回数が増え、さらには入試の種類も回数も増えたために、祝日も授業を開講しないと回らなくなり、在校生の新学期のオリエンテーションを3月中に実施するようにもなりました。資格・免許取得のための科目数も増える一方で、さらに内容にまで締めつけが入るようになって「学問の自由」が阻害されてきています。任期制が導入され、業績をあげなくてはならないのに、比較的長くとれた夏季休暇や春休み中も業務に追われているため、研究が思うようにできずに雇用不安に悩まされている若い研究者も多数います。たぶんどこの職場もそうした〝しんどさ〟が拡大しているのではないでしょうか。

そんな社会の労働実態のもとで子どもたちも暮らしています。ゆっくりのんびりマイペースに過ごすことが難しくなれば、何かしらイライラしたり、しんどくなるのは、大人も子どもも同じこと。子どもたちが時間に追われすぎてはいませんか。

子どもを守るべき大人たちが、まずはこうしたことを見直してみなくてはなりません。

2 保護者も子どもも家庭では頑張れないのが当たり前

家庭では誰もがマイペースで甘えん坊になります。人間は昼間活動することで発展してきたので、昼間は元気で活動的になりますが、朝晩は頑張れません。朝は目覚めてから1時間半は脳が十分に活動しないといわれています。だから学校は「7時には起こしてください」と保護者に言うのですよね。幼児は夕方から次第に疲れが出てきますが、小学生になると夕方はまだパワーが残っていて世界を広げていきます。夜は大人も子どもも疲れが出てきて「くつろぎたい」「のんびりしたい」と思っていますし、やさしくしてほしいと願っています。だから看護師や介護士の夜勤が制限されているのですよね。夜行バスや長距離トラックの事故の原因の多くは、運転手が十分な休養がとれずにいたことによるものです。

ダブルワーク・トリプルワークをしないと生活できないということは、人間として生きていく上で必要な休養が保障されにくい状況にあることを示します。保護者がそうした状況にあると、子どももくつろぐことができにくくなります。からだが疲れてくると私たちは「のんびりしたい」「やさしくしてほしい」と思いますが、保護者が忙しすぎると子どもは甘えづらくなりますし、親思いの子は保護者の代わりに家事を担うなど、心身の状態をこえて頑張ってしまうこともあります。

保護者のみなさん、毎日大変でしょうが、子どもにとって一番大切なことは「安心して暮らす」ことです。お疲れでしょうが、子どもも疲れています。そのことを忘れないでください。そして特に低学年まではまだまだ甘えん坊です。朝晩、ぐずぐずしてマイペースなのは、「それが人間の宿命（ごく自然なこと）なのだ」と割り切ってしまいましょう。毎朝、教科書やノートの準備に手間取るのも、夜になかなか寝る態勢に入れないのも、エネルギーが不足しているからです。子どもは保護者にやさしくされ、甘えることでエネルギーを補充したいけれど、保護者は朝も帰宅後も洗濯や食事づくりでせわしなくて、やさしくするゆとりがもてないかもしれません。せめて寝る前くらいはわが子を「大好き！」と抱きしめてください。一日の終わりがハッピーな方が、子どもはしっかりと寝てくれます。その方が助かりますよね。

夜勤があって毎日は「大好き！」ができない時には、向かい合える日にしてください。どんなに子どもを愛していても、ことばにして伝えなければ、伝わりにくくなります。

part1でも書いたように、私は学校では成績抜群で学級委員の任務も頑張っていたので「模範児童」と通知表に書かれましたが、実は5歳の時から「母に愛されていない」と思い続けていました。母に甘える妹が許せなくて2階の階段から突き落としたり、私の嫌いなシチューを母が作ったのを見てキレてしまい、母に箸を投げつけて「死んだる〜」と自分の首を絞めたりする小学2年生でした。『ジギル博士とハイド氏』（ロバート・ルイス・スティーブンソン）の本を読んだ時に、「これは私だ」と思ったくらいです。母は私を愛してはいたのでしょうが、ことばにはしてくれませんでした。

そんな私のこころを救ってくれたのが、亡き夫でした。本当にちゃんと聴いていたかはちょっと怪しいのですが、私の止まらないおしゃべりを聴いているふりをしてくれていただけでなく、ことあるごとに恥ずかしげもなく「直ちゃん大好き！」と言い続けてくれました。「私は愛されるに値する人間だ」と感じさせてもらったおかげで、私は息子や学生たちはもちろん、私の専門である障害乳幼児の保護者のことも、あたたかいまなざしで見つめることができるようになりました。

子どもに腹が立つこともパートナーに腹が立つこともあるでしょうが、家庭ではみんなが甘えん坊なのだと割り切って、腹立ちをうまく発散する方法を、学童保育の保護者会で考え合ってみるのもよいかもしれません。

3 ホッとできる家庭生活のために

保護者が家庭でホッとできるために最も必要とされることの一つは、安定した雇用による所得保障と、労働時間の短縮です。私が子育てをしていた時のように、8時間労働プラス通勤時間をカバーする10時間保育で済むようになればよいのに…と思います。

コロナ禍でますます雇用不安が広がり、保護者の中には不安やイライラでしんどい思いをしている方もいることでしょう。私たちは自分がしんどいと、身近な人に「このしんどさをわかってほしい」と願います。それが受け止められないとますますしんどくなり、思うように動いてくれない子どもを責めてしまうことも出てきます。保護者のつらさのおおもとは、雇用状況や職場内のしんどさにあっても、すぐには変えられない現実、どうすれば解決できるかわからない現実に出会うと、私たちは自分の中の攻撃性を、身近な、より弱いものにぶつけてしまいがちです。大きな敵に立ち向かうよりも身近に標的をつくってしまうのは、人間の悲しい性かもしれません。

そんなしんどい時は、学童保育の指導員や保護者仲間に愚痴を言ってください。「わが家の恥」だなんて思わないでください。しんどい時に思わず子どもにきついことばをかけてしまったという大人は、あなただけではないからです。

学童保育は保育園とは違い、学区単位で開設されていることが多いため、近くに顔見知りがいるというだけで、子どもも保護者も安心です。保護者会でお互い顔見知りになるだけでなく、子どもたちの状況を指導員から聞くことで、お互いの子どもの関係や持ち味を知り合って、家族同士が仲良しになることもできますよね。土曜日にも遅くまで働いている家庭の子どもさんを、同学年の子の親が預かるといった関係を築くことも学童保育ならではで、できるかもしれません。

ゼロ歳児の保育がない時代に「共同保育」を始めたのも、学童保育がない時代に「共同学童保育」を始めたのも昭和世代の人々ですが、そもそも人間は共同で生活することで生き残ってきたのですから、今、子育てに向き合っているみなさんも、「助け合えばよいのだ」と割り切りましょう。そして子育てのしんどさや不安、家族への不満も含め、語り合える仲間をもつことで、家庭でのイライラも少しマシになります。思いを語り合うことで気持ちを整理すると、こころが落ち着きやすくなります。心がけだけでなんとかしようと思わずに、指導員や保護者仲間に話しましょう。学校への不満や疑問も語り合うことで整理できると、自分一人で抱えなくてもよくなり、安心できることもあることでしょう。保護者も子どもも、家庭ではホッと息を抜けることが大事。子どもが安心して保護者に甘えることができるように、保護者会のテーマや活動も工夫してみてください。

Chapter 3

放課後は自由な時間のはず

1 子どもの持ち味によって求めるものは違う

「あなたの小学校時代の楽しかった思い出は何?」とchapter1でおうかがいしました。指導員、保護者のみなさんで交流してくださいね。私は小学校時代の嫌だったこともつらかったことも書いてきましたが、私の場合は、母親との関係でのマイナスな感情を伴う体験が強烈に残っているのですね。

では放課後、毎日がつらく嫌なことばかりだったかというと、もちろん、楽しかったことも

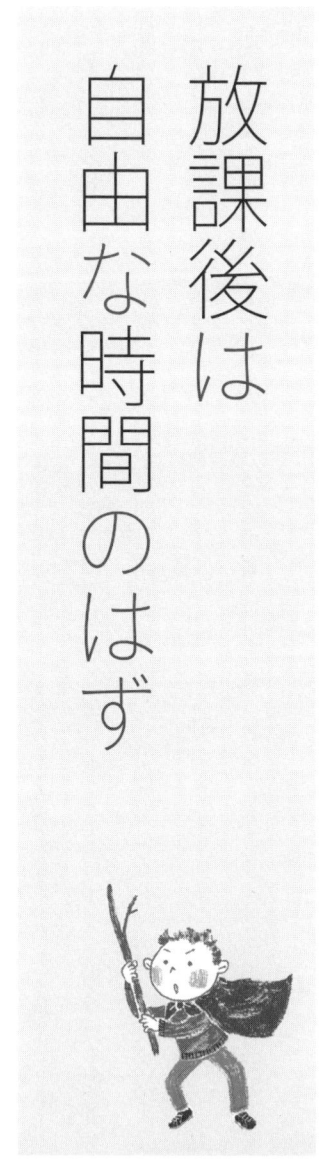

ありました。読書が好きだったので、放課後は家で本を読むことと、「こころの友」だった飼い犬と散歩するのが日課でした。読書は主に伝記と『小公女』(フランシス・ホジソン・バーネット)のような子どもが主人公の物語でした。家に同学年の子が誘いに来ても、女の子と遊ぶのは嫌で、低学年のうちはおおむね男の子と遊んでいました。なので「おとこおんな」と呼ばれることもありましたが、そんなことはどうでもよかったのです。一番よく遊んだ男の子は幼児期に母親が自殺したという子で、何か「似たところ」を感じていたのだと思います。野球が得意な子で、高学年になって野球の練習にいそしむようになったため、彼と遊ぶことはなくなりました。

私も高学年になってからは、校庭で鉄棒やドッジボールをしましたが、やはり中心は読書と犬の世話。『巌窟王』(アレクサンドル・デュマ・ペール)、『鉄仮面』(ボアゴベ)等、子どもの世界から離れた物語や『ファーブル昆虫記』(ジャン・アンリ・ファーブル)のような科学読み物に読書の範囲は広がりましたが、なんといっても愛読書は『フランダースの犬』(ヴィーダ)で、泣くために読んでいるのか、というほど泣いていました。夕方にテレビで洋画を見るのも好きでした。『ヨーロッパの何処かで』(ゲザ・フォン・ラドヴァニ)というハンガリー映画は毎日続けて1週間見たくらいです。

ともに生活していた姉妹の放課後は?というと、まったくそれぞれで、外遊びが好きだった3学年上の姉は、私が小学校に入学した時にはすでに高学年で、身長が160センチ近くあり、私たちと遊ぶことは少なく、高学年女子たちの世界に浸かっていたように思います。好んだ読み物も本ではなく『映画の友』(映画の友社)という映画雑誌でした。

2学年下の妹は同級生女子と遊ぶのが好きで、同級生からの誘いが多く、少し遠い家だと私が付き添って妹の同級生の家に遊びに行ったりもしました。わが家に同級生を集めて「誕生会」を催したのは妹だけ。「かわいい」ということが好きで、母の化粧品を勝手に使って叱られることもありました。友達の家に行かずに家にいる時には、その存在自体が私の神経に触り、私に乱暴なことばをぶつけられて泣くことも多く、「本当にごめんなさい」と今は思っています。同じ家庭で育っていても、それぞれの持ち味で放課後を送っていたのだと思います。

そして私の息子は〝学童っ子〟としての生活の中で世界を広げていきましたが、私同様に本が好きで、図鑑や歴史書、地図帳など、どちらかというと「知識系」の本を愛読していました。ある意味、人それぞれなのが放課後生活といえるでしょう。だから「自由に自分の主体性を発揮できるのが放課後だ」という位置付けも可能なのです。

2 学校生活に影響される放課後の姿

とはいえ、現在の日本の、多くの子どもは学校で教師の指示に従い「同じこと」を学んでいるため、興味のもてないことでも我慢して〝つきあう〟必要があります。無理をして我慢していると、放課後に疲れが出て学童保育で寝てしまう子もいるでしょう。指導員にわがままを言ってイライラを発散させる子もいるかもしれません。学校で我慢していた分、はじけてやたら動き回る子や、いたずらをする子もいることでしょう。

ある時、息子の同級生が、学童保育の前の道路を走っていた自動車に石を投げて問題になったこともありました。もちろん保険で弁償はしましたが、私は父母会長として保護者、指導員とともにお詫びにうかがいました。保護者任せにしなかったことで、保護者も学童保育を信頼してくれました。こうした事件も、放課後だから発生することでもあると思います。

私の住む団地の向かいには、中・高校生が通う「特別支援学校」があります。コロナ禍の前は、体育祭の日が近づくと練習に熱が入り、先生方のマイクの声が近隣に響き渡っていましたが、そうした時期に彼らが放課後を過ごす「放課後等デイサービス」を訪問すると、生徒たちはソファーなどでゴロゴロしているのです。学校で先生たちの期待に応えて頑張った分、放課後はのんびりと心身を休めているのです。

放課後は学校生活とは異なる生活時間帯とはいえ、学校での生活を引きずる子がいてもおかしくはありません。学童保育での子どもの姿を保護者と指導員で交流することは、子どものこころを理解する上でとても大切です。小学生にとって、自分のキャパシティを超えて頑張ることも、我慢することも、しんどいことです。学童保育で眠ってしまうことや宿題を嫌がること、荒れて下の学年の子にいじわるすることも、指導員や学童保育だけの「問題」としてではなく、子どもの1日の生活のありようの反映として理解する必要があります。学校生活で無理をしてはいないか、教師に叱られたことを引きずってはいないか、保護者と指導員が話し合ったり、連絡帳で交流しましょう。自分のことを理解しようとしてくれていると感じるだけでも子どもは安心できますよね。指導員のみなさん、たくさんの子どもがいるし忙しいでしょうが、まずは子どものステキなところ、かわいいところを保護者と共有しましょう。指導員がわが子を大切に思っていることが、保護者の安心につながります。保護者との信頼関係を築き、それにもとづいて、気になる姿やそのことに関する指導員としての考え、保護者の考えについて交流し話し合いましょう。

そして子どもが学童保育のことを「楽しい」と感じられるように、子どもが好きなことを保護者と確かめ合い、好きなことを楽しめる場、好きなことを仲間と共有できる場にしていきましょう。

3 子どもの「選ぶ権利」を尊重して

「放課後は好きなことをしたい」というのが子どもの本音ではないでしょうか。本好きの息子は、学童保育でも好きな本を読んで過ごしたいと思っていました。でも学童保育では、公園に行って遊びたい子の方が圧倒的多数。そんな時、指導員は息子に我慢させるのではなく、「いいよ、公園で本を読んでいて」と受け止めてくれ、息子は好きな本を公園に持っていき、ベンチで読んでいたようです。そうした中で、仲間たちのしているサッカーにも関心を向けるようになり、サッカーの解説本などを読み、公園では仲間たちの試合の「解説者」として参加するようになりました。

好きなことができる、大人が自分の気持ちを受け止めてくれるという安心感が基本にあれば、自分で選んで世界を広げていくのです。おかげで息子はスポーツ観戦が好きになり、成人してからも野球、サッカー、ラグビー、プロレス等の観戦を楽しんでいます。旅行や登山が好きだった父親にも付き合い、私の美術館巡りにも付き合ったので、幅広い趣味人になりました。「みんなと一緒に」という形ではなく、こころが仲間に向き、その子なりの持ち味を生かしたあり方で参加することが、本当の「参加」ですよね。

私は障害のある子どもを専門にしているので、〝学童っ子〟のリアルな姿は、息子とその仲間たちから学んだのですが、障害のある子どもが放課後過ごす場としての「放課後等デイサービス事業」のケース検討会などに出ると、子どもたちの「放課後生活」のあり方を考えさせられます。国の基準では指導訓練室1室だけが示されている事業なので、高校生までが利用対象であるにもかかわらず、着替えを含めたプライバシーの問題や、女子の生理時の休養場所等、彼らの尊厳を護るための工夫がなされているのかがまずは気になります。

そして彼らの放課後生活が、ともすると「保護者の思い」に引きずられがちになることにも気づきます。発達障害児対象の特別支援学級で過ごしてきたある男の子。5年生になり保護者の希望で通常学級で過ごすことが大幅に増えたら、通常学級では一言も話さなくなってしまいました。そして学校で話さない分を取り戻すかのように、放課後等デイサービスでは低学年児童に対して「お前ら馬鹿か、こんなこともわからんのか！」と乱暴なことばをぶつけるようになりました。

そこで、そんな彼のために放課後生活で取り組めることはないかを、ケース検討会で話し合うことになりました。私は子どもの「問題行動」を子どもの意見表明として理解するために、子どもが「問題」を起こしている状況だけでなく、その子の好きなこと、関心を抱いていること、ステキだと思うところを10個は書き出してもらっています。そうすると職員のみなさんは「子どもの好きなこと」に注目してくれるようになります。この時も、みんなが彼の大好きな「相撲」に着目し、相撲を通して彼の放課後をワクワクさせる取り組みを考えてくれました。

ちょうど7月初めで、大相撲名古屋場所に向けて各部屋の「稽古場」が開設されていた時期だったことを活かして、「相撲部屋巡りツアー」に取り組み、彼とともに情報収集し計画を立て、仲間たちと稽古場を訪問。力士のことも相撲部屋のことも、職員よりも知識豊富な彼に、大人も子どもも「すげえ」と感動。その後は、夏期休暇中も含めてよきリーダーとして活躍してくれたと、9月のケース検討会でうれしい報告を聞くことができました。

放課後に何をどう楽しむかの選択権は、子ども自身にあります。施設や職員体制の制約のために子どもに我慢させてはいないか、保護者や指導員の思いが先走ってはいないか、みんなで考えたいですね。どこで何をどれだけするのか、本来はその選択権が子どもにあることを前提にした上で、子どもは体験したことのないことは「思いつくのが難しい」ことをふまえて、指導員のみなさんには「楽しい取り組み」のストックを増やしていただくことを期待しています。

Chapter 4

いろいろな家庭があって当たり前

1 宿題は保護者が頑張らせるものなの？

子どもの宿題に頭を悩ませているご家庭はありませんか。宿題を学童保育の生活にどう位置付けるかが、話題になっている学童保育所はありませんか。「宿題があることが当たり前だ」と思っている方が多いようですが、実は宿題がない国もあれば、日本でも宿題がない学校もあります。宿題はそもそも必要なものでしょうか。

わが家では、一時期、息子の鼻の調子が悪く、学童保育の帰りに隣の区の耳鼻科に通院して

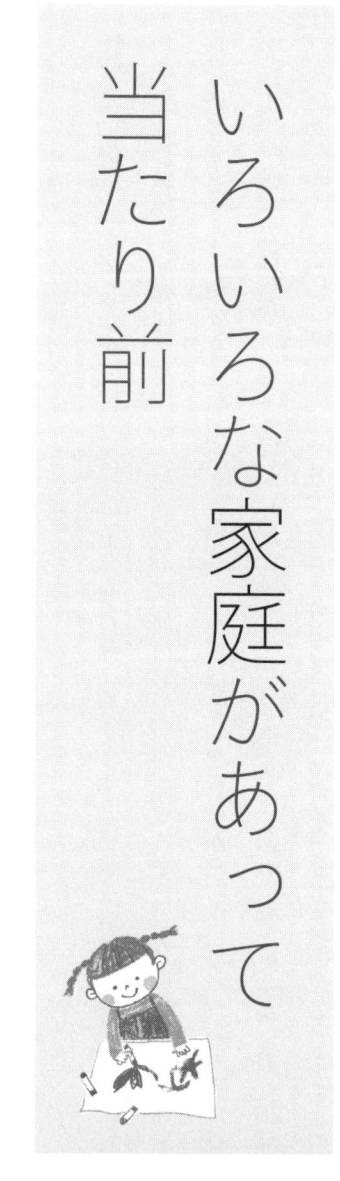

いました。その時は帰宅が午後7時を過ぎるため、夕食・入浴とあわただしく済ませて9時に寝る生活でしたが、宿題が多いと親子の間がちょっと険悪な空気になるのです。クラス懇談会の際に、わが家の状況を率直に話した後に「いろいろな家庭があるので、宿題の量を減らせませんか?」と担任に提案したところ、「近藤君なら困る量ではないと思いますが、ほかの方はどうでしょうか」と言われました。すると「うちの子は宿題がないと勉強しないので、宿題は必要です」と発言した方がおられました。担任は「そういう声もあるので宿題は今まで通りにします」と宣言し、私の意見は残念ながら採用されませんでした。

私は保健センターで1歳半健診後の発達相談を担当して52年目になりますが、相談にのってきた保護者の中には知的障害の方も、発達障害や統合失調症の方もいました。わが子の宿題をみてやろうにも、そのことが大きなストレスとなる保護者もいるのです。保護者の出身国も様々で、タイ、フィリピン、ブラジル、チリ、ペルー、中国など。日本語の習熟度も様々です。早朝や夜中に働いている保護者もいます。その方が時給が高いことが多いからです。名古屋市の公立保育園の中には、保護者が子どもを送ってくることができないので、園長が家庭まで迎えに行っているケースもあります。

2022年度に「こども家庭庁設立準備室」が「未就園児等の把握、支援のためのアウトリーチの在り方に関する調査研究」検討委員会を設置したのも、保育所や幼稚園に就園していない子どもの中には「虐待の防止や健全育成等の観点から、支援を必要としている場合がある」ことを危惧しているからです。

学校の中には、こうした各家庭の実情をあまり考慮せずに運営されているところも少なからずあるように思います。いろいろな家庭があって当たり前なのですから、小学生に基礎学力をつけるための学びは、本来は学校生活の中で保障されなくてはならないと思います。日本国憲法26条に規定されているように、子どもに「教育を受ける権利」があるのですから、教育の保障が保護者次第であってはいけないはずです。

そもそも、教員養成課程において「児童福祉」の学びがおろそかにされていることが問題です。日本国憲法では26条の前の25条1項に国民が「健康で文化的な最低限度の生活を営む」権利が、25条2項に「社会福祉、社会保障及び公衆衛生の向上及び増進」を推進する国の社会的使命が規定されています。子どもにふさわしい生活の保障という児童福祉の営みがあっての学校教育なのですが、「人材育成」という観点が色濃い現在の教育行政では、子どもの生活の現実は後ろに追いやられがちです。特に２００６年「改正教育基本法」に「10条　家庭教育」が新設され、「保護者は、子の教育について第一義的責任を有する」と、保護者の自己責任が強調されたことを見過ごすことはできません。2008年に文部科学省がスクールソーシャルワーカー活用事業を始め、学校にスクールソーシャルワーカーが配置され始めたことは前進ではありますが、児童福祉施策である学童保育と学校が、どれだけ連携ができているか、ぜひとも点検してみてください。

2 仲間とともに広げる生活体験

学童保育に通う子どもたちの家庭も多様なはずです。児童福祉施策なのですから、健康で文化的な生活を保障されるべき子どもが十分に利用できる制度設計が求められます。児童福祉法6条3の2には、「小学校に就学している児童であって、その保護者が労働等により昼間家庭にいないもの」と対象が決められており、国の「放課後児童クラブ運営指針解説書」には、「『労働等』には、保護者の疾病や介護・看護、障害等も含まれます」と示されています。しかし、もともと共働き家庭が、各地で「共同学童保育」の取り組みを始めたところから制度化が進んできた経緯もあるため、放課後の時間帯に保護者が就労している小学生が、学童保育の主対象とされがちです。みなさんの自治体では、保護者に障害がある、外国人であるなどの場合にも利用できているでしょうか。都市部では「学童保育待機児」問題もあり、「特別な支援」を必要とする家庭の子どもが入所できにくいかもしれません。

地域には同じく児童福祉施策としての児童館があります。国の「放課後児童対策に関する専門委員会」では、誰もが利用可能な事業として児童館の、生活に課題を抱えた子どもへのソーシャルワーク機能を高める必要性が示されています。「子どもの幸せの保障」が児童福祉の基本課題ですから、児童館ともタッグを組んで、地域の中での学童保育の役割について、より広い視野をもっていきたいものです。

いろいろな家庭があるからこそ、学習への意欲を育成するためにも、幸せを感じられるステキな思い出を残しうるような、豊かな生活体験を保障する学童保育であってほしいと思います。絵本も書籍もほとんど家にはないという子もいることでしょう。書籍を買えない状況にあるかもしれません。学童保育のみんなで図書館に出かけ、好きな本を選ぶ体験を保障したいですし、外国の絵本や見えにくい子のための「触る絵本」、小学生が読みたい漫画などを置いてもらえるように、学童保育の子どもたちで話し合って、図書館にアプローチできるとステキですよね。「こども家庭庁」は「こどもの意見を聴く」ことを標榜しているのですから、ぜひとも動いてみましょう。

食事が十分にとれない家庭もあります。児童福祉施策なのですから、長期休業中も、すべての子どもに昼食が保障される手立てが実現できるとよいですよね。自治体に対して声をあげてみませんか。そして「学童保育祭り」やバザー、キャンプの練習として、学童保育で調理活動に取り組むことも、子どもたちの健康的な生活にとっては必要です。

とはいえ指導員の中には、「家庭はこうあるべき」「小学生はこうあるべき」という自分の思いとは一致しない保護者や子どもがいると、批判したくなる人もいることでしょう。私たちのイメージや価値観は体験を通して培われるため、育ってきた家庭や地域の環境で「イメージする世界」「大切にしたいこと」が異なるのは当たり前のことです。「家庭のあり方」や「小学生らしさ」についても多様なイメージが存在しうるのです。

私も保健センターで、外国の方や若年世帯、障害のある保護者など、多様な家庭の多様な保護者の方に出会ってきたから、気づいたことが、実は多いのです。

いろいろな考えをする保護者がいるのが当たり前です。だからといって批判したり、排除したり、反目し合うのではなく、「お互いが歩み寄るためには共有体験が必要なのだ」と割り切って、保護者会のみなさんと指導員とで話し合い、みんなが参加しやすい企画を検討してみてください。大変な状況におられる方は参加されないかもしれません。始めは指導員だけでスタートしてもよいので、保護者と子どものために何ができるか、指導員間で情報交流し、学童保育連絡協議会などの催す研修会やケース検討会などで学び合うことを期待しています。今はできることがなくても、次の機会には「取り組める何か」を得るために。

3 子どもの持ち味、保護者の持ち味を生かして

いろいろな子どもがいて、保護者がいて、家庭があるということはある意味で「大変」なことですが、私たちが世界を無理なく広げるチャンスでもあります。保護者の職業も様々です。なんとなくイメージで推し量っていた仕事や勤務のことが具体的にわかるだけでもラッキーですよね。

仕事内容だけでなく、それぞれの保護者の趣味や特技だけでも幅広いものになります。「キャンプや釣りが好き」「学生時代はサッカー一色だった」「コマ回しなら任せて」「編み物や手作り手芸が得意」「ダンスなら教えられる」など。学童保育の活動や行事を考える上で、保護者の持ち味を生かしてほしいものです。保護者も学童保育の子どもたちのスターになりうるのです。

顔の広い保護者の協力で、地域の役所や工務店、農家など、指導員が必要とするネットワー

クが築かれることもあるでしょう。息子が通った学童保育を立ち上げる際に一番協力してくださったのは地域の民生委員さんで、そうした地域の方との折衝はわが夫が担当し、行政に出す資料を作成したのは公務員のお父さんでした。申請資料の作成に慣れておられたからです。民生委員さんのアドバイスを受けて、いつも使う公園の清掃を月1回土曜日に実施することになり、お父さんたちが協力してくれることで、子どもたちの意欲はぐっとアップし、地域の方からもご好評をいただきました。

子どもたちにもいろいろな子がいます。指導員とは必ずしも興味が重ならなくても、保護者の中には興味が重なる方もいるかもしれません。夫は日曜日に学童保育の子どもたちに趣味の「将棋」を教えていました（わが家の書庫に並ぶ漫画が目当てだった子もいましたが）。例えば「カラオケ」好きな保護者が中心になって「カラオケ大会」を開いてみると、意外な才能に出会えるかもしれません。子どもにとっては身近な家族・親戚と、保育士・教員がイメージしやすい「大人」ですが、学童保育の保護者との関わりの中で、いろいろな職業があることも、面白い趣味や変わった趣味があることも実感し、世界を大きく広げることで自らの可能性に気づいていくことができるとしたら、学童保育の輝きがさらに増すのではないでしょうか。

Chapter 5

大人も一人で頑張らずにタッグを組んで

1 からだが変わりこころも変わるこの時期だから

小学生の登校風景を見ていると、大きなランドセルに四苦八苦しながら速足で歩く1年生と、小さくなったランドセルが背中に貼り付いたような6年生とでは、体格も歩き方も風貌も大きく変化していることを感じさせられます。1年生の時はおなかが出っ張り幼児体形だったのに、高学年になると身長が急に伸び、脚も長くすっきりして、大人に近づいたなぁとビックリさせられたりすることもあります。

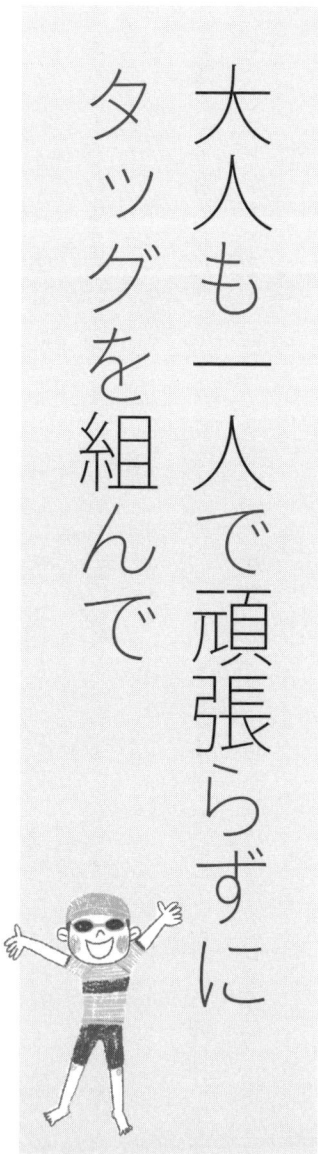

外見だけではありません。5年生になると生理が始まる女子も増え、射精の始まる男子もいて、性教育の必要性が高まります。２０２２年度まで厚生労働省が所管していた「成育医療等協議会」（以下、「協議会」）においては、学童期・思春期保健の課題として性教育が位置付けられ、助産師や産婦人科医、保健師を学校に派遣する事業を進めていますが、みなさんの地域の実施状況はいかがでしょうか。２０２３年1月25日にＮＨＫのテレビ番組「クローズアップ現代」が、十代の若者に梅毒の罹患者が増え続けていることを取り上げていました。急激な罹患者数の拡大に「協議会」も危機感を募らせています。

２０１７年に兵庫県で開催された第52回全国学童保育研究集会での記念講演の際に、私が「国が6年生までを学童保育の対象としたのだから研究集会に性教育の分科会を設置すべき」と話したら、翌年の研究集会には「性について考える」分科会が設置され、「さすが」との意を強くしました。

学校のトイレのあり方が話題になり、トイレに生理用品を配置する学校も出始めましたが、学童保育のトイレはどうなっていますか。生理前や生理中がしんどい子どものための休憩スペースはどうなっていますか。何よりもからだのしんどさを指導員に語ることができているでしょうか。

からだが変わるということは、こころも変わるということです。「もう子どもではない」自分。障害のある子どもの中には、性毛が生える意味がわからず、力一杯抜いてしまう子もいたりします。変わりつつある自分を意識することは、こころも不安定にします。鏡をよく見るようになり、自分の見え方が気になり始めたりします。

ｐａｒｔ１でお話したように、高学年になり「考える力」をつけてきた子は自分の考えを振り返るとともに、保護者や指導員、教員、仲間が何を考えているのかも気になり始め、外見の変化とともに、自分が他人からどう見られているのか不安になります。こころが不安になった時に低学年では保護者や指導員に頼ることができたのに、自分が子どもではないことを意識すると、大人に素直に甘えにくくなることもあります。大人の考えが気になり、自分のこころを読まれる不安もあいまって、大人との間にこころの距離をとるようになり、不安なのに相談する相手をもてなくなったりするのです。そして大人に頼らない分、仲間関係への依存が高まる場合もあります。そのことが仲間関係の変化を生み、いじめやシカト等つらい体験をする子も出てきて、死因に自殺が登場するようになります。現実世界に仲間や相談相手がいると感じられにくいと、ＳＮＳの世界に出会いを求めて悲しい被害に遭う子もいます。子どものからだとこころの変化に、大人たちはついていけているでしょうか。

2 大人との間に距離をとる子どもたち

低学年の時期は、学童保育での遊びはもちろん、習い事などでいろいろなことにチャレンジしていた子も、次第に「自分はこれがしたい」と自分に合った領域を絞り始めます。野球やサッカー、ダンスや音楽、ＹｏｕＴｕｂｅやイラスト等、趣味がはっきりしてきて、将棋の藤井聡太さんのように大人を凌駕する子まで出てきます。そうすると、大人との関係にも変化が出てきます。子どもから見て「大きな存在」だった大人が、そうでもないように見えてくると、批判的なまなざしも生まれ、「ひいきする」と噂される教師等が出てきたりするのです。こうなると大人への依存性が相対的に低下していくことになります。甘えなくなるだけでなく、こころのつらさも相談できなくなると、子どもはしんどいですよね。

仲間関係への依存が強い場合には、好きでもないのに仲間に合わせすぎてしんどくなる子も出てきます。そんな時に、保護者や指導員に相談できるためには、保護者や指導員が自分を否定しないこと、たとえ情けなく、だらしなく見えても、自分のことを受け止めてくれるという信頼関係が必要になります。

家庭にマイペースでいられたり、甘えられる関係があることは、情けない自分を保護者がかわいいと思ってくれていると感じられる基盤です。そして学童保育で保護者とともにキャンプや運動会、バザーなどに取り組んだことで、親子がともに楽しめる趣味ができるとステキです。面と向かっては答えにくい「学校でいじめがないか」「好きな子がいるか」といった問いにも、バーベキューをしながら、望遠鏡で星を眺めながら、手芸や木工などに取り組みながらというように、何か活動が間に挟まることで話しやすい雰囲気になるからです。

指導員も、学童保育に帰ってきた時の様子が気になった子どもに、保護者への「おたより」を折るのを手伝ってもらうなどしながら、学校の話や友達の話をする方がフランクに話せたりしますよね。もちろんかなり心配だという時は、学校のスクールカウンセラーに相談するなど、その道の専門家の力も借りればよいのですが、毎日を過ごす家庭と学童保育が子どもにとって安心できる場であり続けるために、保護者と指導員で知恵を出し合い、タッグを組んで、子どもたちが自分の思いを楽しく発揮できる生活、そして行事や企画もつくり出していきましょう。

子どもが大人との間に距離をとり始めた場合に大切なのは「斜めの関係」だといわれます。大人ではない先輩の存在の重要性ということです。現在では「斜めの関係」は学校では「部活動」として、放課後生活では学童保育などで育成されているといえそうですが、身の回りに信頼しうる先輩がいない場合は、ＳＮＳに「斜めの関係」を求めることになるかもしれません。

学習や友達関係のしんどさから保護者と口論し、家を飛び出した中学生が、話を聴いてもらえる学童保育の先輩の家に行っていたとわかるだけで、保護者も安心ですよね。そんな頼りになる先輩と出会える学童保育だとステキです。

学童保育の仲間が遊びに来てくれることで家から外に出られる子、先輩が見守ってくれていると感じられることでこころを落ち着けられる子。上下関係が厳しいことも多い部活動とは違い、学童保育は競争ではなく協力を、頑張りや我慢ではなく楽しさを体験でき、自分のことを理解してくれる大人や先輩たちがいることの安心を実感できる場であることを、大切にしていただきたいと思っています。

3 こころの支えになる存在は…

小学6年生で自殺を意識し始めた私が、子ども部屋の押入れの中で「どういう方法で死ぬか」を考えていたことを、両親はもちろん知りませんでした。もう60年以上も前のことですから、今とは違って自殺の方法もあまり知られていませんでした。学校の図書室には自殺に関する本は置いてはありませんでした。もちろん「自殺本」も売られていなかったと思います。現在は、本はもとより、ＳＮＳでもこれらに関する多様な情報がアップされています。そんな今だったら私は生きていなかったかもしれません。保護者としては心配ですよね。だからこそ、スクールカウンセラーを頼ることも、保護者同士で支え合う団体に参加することも大切です。保護者が「ヘルプミー」と助けを求めることで、子どもも「ヘルプミー」と助けを求めやすくなります。

私は自分のこころのつらさを、小学2年生から飼っていた愛犬にずっと語っていました。愛犬が私の専属カウンセラーとして、いつも首を傾けて話を聴いてくれました。この犬が中学2年生の時に亡くなったため、話を聴いてくれる相手がいなくなり、自殺願望は強まりました。母に愛されていない私が生きている意味は何？　周りの女子とは関心が違うし、同じように行動したくない私は一体何者なの？　こうした答えの出ない問いを問い続けることを「悩む」といいます。こんなにしんどいのに、私のことをわかってくれる人はいない。

学校では成績がトップクラスで、生徒会長も学級委員もまじめに取り組んでいたので、先生方もクラスメイトも私のしんどさには気づかなかったと思います。リーダー格の私に「友達だよね」と近寄ってくる女子はいましたが、私は友達と思ってはいませんでした。家では芥川龍之介や太宰治の作品とともに、『嵐が丘』（エミリー・ブロンテ）『風と共に去りぬ』（マーガレット・ミッチェル）のような女性が主人公の小説、『西部戦線異状なし』（エーリヒ・マリア・レマルク）のような極限状態での人間の悲劇を愛読していました。自分とは何者なのか？という青年期の問いの中で苦悩していたのだと思います。私のほかにも悩んでいた子はいたのでしょうが、みんな、そうしたことはおくびにも出さないのですよね。

そんな私に比べると、息子は揺れながらも世界を広げていたと感じています。息子が5年生の時に夫の職場が愛知県内に変わり、毎日家に帰ってくるようになりました。私が仕事で不在の休日には、息子と夫二人して、誰もいない暴風雨の東山動物園に完全武装して出かけるなど、アホなことをして楽しんでいましたが、そうした体験が彼のこころを支えていたのだと思っています。

しんどい時にフッとこころを軽くしてくれる存在が大切。私にとっての愛犬がそうだったように。そして地図が大好きな息子を、中学・高校の社会科の先生たちがかわいがってくださったことにも感謝しています。家には毎土曜日、学童保育の2年後輩たちが麻雀をしに通ってきていました。好きなことを共有できる異年齢の仲間がいるのもステキなこと。大人であれ子どもであれ、生きていく上で大切なのは、あたたかな人々の輪に囲まれることですよね。

Chapter 6

保護者にも必要な第3の場

1 子どもたちとともに保護者もステキな思い出づくりを

子どもは意味を感じたことに主体的になりますが、それは私たち大人も同じこと。学童保育の保護者会・父母会（以下、父母会）活動も意味を感じられれば楽しいですが、意味を感じていないのに「順番だから」と役員を任せられると、それがストレスでしんどくなり、学童保育に関わるのをやめる保護者もいるかもしれませんね。夫も私も学童保育の運営に関わり続けましたが、それは息子が「学童保育大好き」だったこと、そして私も夫も父母会活動が楽しかったからです。

息子が小学生だった時期の親としての思い出は、夏休みに滋賀県の姉の家を拠点に私の父の趣味に付き合い、滋賀県内の国宝巡りや登山、プールを楽しんだこと。息子の関心に合わせて、親子3人で早朝に名古屋港に野鳥観察に行き、山梨県にクワガタ採集に出かけ、山口県に秋吉台の鍾乳洞を見に行くとともに蒸気機関車「やまぐち号」に乗ったことなどの家族イベントがまずは浮かびますが、夫は京都に単身赴任しつつ、共同学童保育の運営委員長を13年間務めたので、名古屋に帰ってきた時には学童保育のことがわが家の会話のメインテーマでした。学童保育があったから家族が話題を共有でき、仲良くしていられたともいえるのです。

区の学童保育連絡協議会の合同運動会で「仮装リレー」や綱引きを楽しんだこと、父母会で時にはもめたりしつつも指導員の就業規則の見直しや、バザーでの資金稼ぎに勤しんだことなどが、懐かしい思い出になっています。

息子にとっては「こころのふるさと」としての学童保育。私たち親にとっては、いろいろな保護者とともに、運営資金と楽しい思い出を築き上げた学童保育父母会でした。夫は長期休暇で名古屋に帰ってくると、〝学童っ子〟たちの学習の面倒をみたり、スケートやプールに付き合い「おっちゃん、おっちゃん」と子どもたちに頼りにされ、単身赴任による空白を埋めていたように思います。保育所と違って学校生活は参観日や行事でしか見ることができませんでしたが、学童保育の生活は先輩の子どもたちを通してイメージすることができました。当時は仕事が今ほどは忙しくなかった保護者も多く、父母会の出席率は高く、指導員が語る子どもたちの姿に、わが子はもちろん、〝学童っ子〟たちと指導員を応援する気風が養われていたと思っています。

息子が一人で、子育ての大変さが相対的にましだった私は、小学1年時・2年時と父母会の副会長を務め、3年生の時には会長となり、4年生で「学童保育後援会」を結成して会長になりました。役員をしていた時に愛知で開催された「全国学童保育研究集会」では、車の運転ができないのに「駐車場係」を務め、石川県の金沢から参加した大学の後輩に「えっ、近藤さんが駐車場係しているんですか」と驚かれたりしました。自分の人生では「ありえない」と思っていたことにもチャレンジしたのです。

そして文章を書くのが得意なことを生かして父母会の「ニュース」を発行し、保護者のお仕事紹介のページも設け、仕事で忙しく学童保育に顔を見せにくいお父さんたちの文章を掲載したりしました。実家が農家だというお父さんは、学童の販売物資として、実家でとれた季節の果物を提供してくれました。保護者は自分の職業とは異なる役割を学童保育では体験し、バザーでかき氷屋さんや焼きそば屋さんになったりもしました。夫は合同運動会で『ミニーちゃん』やゴキブリにも変身しました。通常の生活では体験できないことを体験する楽しさ。忙しい毎日でしょうが、貴重な機会を活用し「違う私」を体験してみませんか。ステキな思い出になると思います。

2 職場とは異なる人間関係の面白さ

子どもたちの生活は家庭、学校、放課後で成り立っています。保護者の生活はどうでしょうか。平日は仕事が忙しく、家庭と仕事場の往復だけで終わりという方も多いかもしれません。

成人期は「役割を生きること」で自己客観化を進める時期ともいわれます。役割を生きる中で、「自分とはどういう人間なのか」「自分が求めている幸せとはどういうことか」「自分はどれくらい頑張れてどれくらいがしんどいのか」など、自分をより深く知っていくことが発達の課題だというのです。自分をより深く認識する上では、親としての役割と職業人としての役割だけではないチャレンジもあってよいのではないでしょうか。

夫は大学教員としての役割と、それに付随した学会や研究会の役員であるとともに、父親役割の一環として学童保育の運営委員長兼「おもろいおっちゃん」「将棋の師匠」などの役割を楽しんでいました。そして指導員からの「賃上げ交渉」に臨むつらい立場も体験していました。私も大学教員としての役割とそれに付随した研究会の主催者であるとともに、「保健所での発達相談」という、大学とは一味違う仕事や、現場保育士対象の講演に忙しくしつつも、母親役割の一環で父母会役員だけでなく、職場で学童保育の物資販売や全国署名に取り組み、家では「おばちゃん、かわいそうだから飼うたって」と小学生たちが拾ってきた2匹の犬の「おかあちゃん」でもありました。学童保育に関わらなければ、駐車場係も「寒天ゼリーの素」の販売だって、たぶん一生しなかったでしょう。

仕事や家庭だけでは体験できないし、体験しようとも思わなかったことも体験でき、楽しめるとしたら、「私という人間」をそれまでとは違ったありようで認識する〝グッドチャンス〟だといえるでしょう。職場では学生や職員さんたちから「先生」と呼ばれ、研究会や講演会でも「先生」と呼ばれることの多い私たち夫婦が、「近藤さん」になれる学童保育父母会。「近藤のおっちゃん」「チビタとモモコ（飼い犬たちの名前）のおばちゃん」と、小学生から呼ばれる楽しさ。したことのないことを、一人ではなく学童保育の保護者たちとともに体験でき、仕事とは違い失敗も笑い合える、そんな人間関係の中で親としての楽しさを広げていたと感じています。

学童保育の子が「問題」を起こすと、夫は運営委員長として菓子折りをもってご近所にお詫びに回っていました。学童保育の充実のための全国署名の紹介議員になってもらうために、市会議員の事務所に依頼にも行っていました。私も父母会長としてお詫びやお願いに回ることにチャレンジしました。

現在も自分の専門分野である障害乳幼児関係の企画のご案内や、親御さんたちの要望とその根拠となる調査結果の報告のために、議員団周りに取り組み、厚生労働省やこども家庭庁とも懇談していますが、保育園の父母会はもとより、学童保育の父母会活動の経験が、私の行動力を広げたのだと感謝しています。職場や家庭以外の場での人間関係や体験が、自分が気づかなかった自分と出会い、自分をより深く認識することにつながっていくのではないでしょうか。

もちろん、みんなが学童保育の父母会を頑張らなくてはいけないということではなく、スポーツや合唱などの趣味、地域活動やボランティア活動など、好きなこと・楽しいことで自分の世界を広げられればよいのです。仕事と家庭生活だけではない時間を楽しむ権利が私たちにはあるはずです。先人たちが8時間労働制を勝ち取ってきた歴史は、子どもたちが児童労働から解放され「放課後生活を楽しむ権利」を保障されてきた歴史でもあると思うのです。

3 大人同士のつながりが子どもたちの未来を照らす灯りに

子どもたちは保育園時代から「先生」と園生活を共にしてきて、現在は学校の「先生」から勉強を教えてもらっています。習い事でも「先生」と関わっていると思います。先生以外の大人との付き合いは親戚くらいでしょうか。そんな子どもたちには指導員を「先生」というよりは「楽しい遊びの師匠」として感じていてほしいと私は考えています。甘えたりふざけたり、一緒に新しい遊びを発明し、行事を創造する「大きすぎる仲間」といってもよいのかもしれません。

そして学童保育にはいろいろな父母がいます。仕事もいろいろで、医師や看護師もいれば、特別支援学校や大学の先生、トラックや電車の運転手さん、大工さんや測量士さんもいて、お店や会社や役所、高齢者施設や障害者施設に勤める人も。もちろん農業や漁業のプロも。子どもたちが、学童保育仲間の保護者がコンピューターや料理が得意なこと、ロボットやビルを造っていることを知ると、親の仕事以外の仕事へのイメージも膨らみます。ある意味で学童保育は、活きたキャリア教育の場でもあるのです。保護者もいろいろな職業の人と知り合うことで、自分の働き方や仕事に関する視野が広がるとともに、困ったことを相談できる相手や、触れることのできる情報も広がります。学校のこと、病気のこと、保険や確定申告の方法など、構成員次第で世界がぐっと広がります。

そんな保護者たちが父母会で自分たちのことや、学童保育の行事に向けて話し合い協力し合っている姿が楽しそうで輝いていたら、自分たちも「問題を話し合って解決する」ことにチャレンジする「ステキな大人」になりたいと思うかもしれません。自分の親も「よその親」に助けてもらっていることを知ることで、あまりしゃべる機会のないよそのおじさんやおばさんが身近な存在となり、「困ったら助けてもらえばよいのだ」という安心感が育てばうれしいですよね。

誰もが育ちの中でいろいろなしんどさにぶつかりますが、そうした時に「ヘルプミー」と助けを求めることに「開かれている」ことが大切です。自分だけで頑張らなくてはと無理を重ねたり、弱音を吐けずに苦しんだりするのでなく、「ヘルプミー」と言えば応えてくれる大人や集団の存在を子どもたちに伝えることが、子どもたちの未来に安心を保障するのだと思います。

そして学童保育という場を共有した大人たちが、楽しく放課後生活を送る場を地域にしっかりと築くことで、未来の子どもたちにも灯りを手渡せるとしたら、本当にステキですよね。

Part 3

障害があっても放課後を楽しく過ごしたい

保育所の障害児保育の広がりを受けて、障害がある子どものいる保護者の就労も可能になってきています。就学後については、学童保育を利用する障害児も増えてきており、国の補助制度も拡充してきています。

しかし、学童保育に毎日通うことができているかというと、そうとはいえない地域もあるのが実情です。そうした場合に、障害のある子どもを対象とする放課後等デイサービス事業を利用することになるのですが、教員はもとより、学童保育の指導員も保護者もあまりご存じないことも多く、この機会に放課後等デイサービス事業に関してアウトラインを紹介したいと考えました。

Chapter 1

放課後等デイサービス、ご存じですか？

1 障害児の置かれていた歴史的状況をご存じでしょうか

学童保育に通う障害児が増えてきています。そして、障害がある子どもが放課後に通う通所支援事業として、「児童福祉法」上規定されているのが、放課後等デイサービス（以下、放課後デイ）です。対象は小学生だけでなく18歳までの障害のある子どもです。

もとをたどれば、障害のある子ども、中でも中度・重度な障害があるといわれていた子どもは、１９７８年までは義務教育すら受けさせてもらえませんでした。日本国憲法26条にある「教育権」を保障されておらず、保護者は26条2項にある「教育を受けさせる義務」を教育委員会から「猶予・免除申請するよう」迫られ、泣く泣く申請し自宅でみていました。買い物に出るためにわが子を柱にくくりつけざるをえなかった保護者もいたのです。現在の「児童発達支援センター」のもとになった「通園施設」は、こうした不就学児が通う場として最初はつくられました。そんな状況に、施設関係者やこころある教員たちが「不就学をなくす運動」を始めたのが1960年代の後半で、不就学の子にせめて月1日でも楽しい企画を届けたいと、各地で「日曜学校」や「土曜学級」という取り組みが始まり、大学生がボランティアとして参加するようになりました。不就学児がどこにいるかを役所は教えてくれませんから、各家庭にお米やお酒を配達していた商店から情報を得て探し出すといった努力もしたそうです。こうして集うようになった保護者たちは、「子どもが学校に通えるように」と声をあげ、当時の東京都をはじめとした革新自治体が国に先駆けて、養護学校（現、特別支援学校）を建設し教育権を保障しました。こうした取り組みによって、1979年に義務教育に関して「全員就学」が実現したのです。その後、保護者は高等部進学運動を進め実現させ、現在は高等部卒業後の「学ぶ場」「働く場」「生活の場」拡充に声をあげています。

学童保育の制度化同様、保護者と関係者の運動が障害児の教育権の制度化につながったのです。そして各地で取り組まれた「土曜学級」「日曜学校」は学校卒業後の青年学級や、土日・長期休暇の余暇活動の保障の場として継続していき、埼玉県の障害児学童保育制度のように、自治体独自の支援施策もつくられていきました。こうした下地のもとに、放課後デイはできてきたと私は思っています。

2 放課後デイ事業ができてきた経過

この制度の元は、心身障害児通園事業という1972年にできた補助事業です。障害の種別を問わず、ゼロ歳児から、保健師に勧められて親子で利用する事業でしたが、1998年より「児童デイサービス」と名称変更され小学生も利用可能になりました。しかし、そのことがあまり知られておらず利用は広がりませんでした。それが2003年に「支援費制度」下の「小学生までを対象とする児童デイサービス」と位置付いたことで、小学生対象の事業所ができてきて、利用がぐっと増えました。

1990年代終わりは、ちょうど「学校週5日制」がらみで、障害のある子どもの保護者の、土日の生活に対する不安が強まっていた時期でした。あちこちで土曜学級・日曜学校が開催されただけでなく、土日や長期休暇中の障害児の生活実態調査が取り組まれ、障害のある子は放課後遊ぶ相手がほぼ家族に限られていること、長期休暇はテレビやビデオ相手に過ごしていることなどが見えてきて、「障害があっても豊かな放課後を保障したい」という声が高まりました。愛知県でも保護者はもとより、障害児教育・福祉関係者、そして学童保育関係者に協力していただき実態調査に取り組み、920名の保護者の声を集めて冊子化し、保護者代表が2000年に記者会見をして『中日新聞』に報道され、ぐっと注目が高まりました。

1997年に「放課後健全育成事業」として学童保育が「児童福祉法」に規定された後の時期でもあり、障害児の放課後保障が課題となりやすかったことも幸いしたと考えています。

2006年の「障害者自立支援法」下では、児童デイサービスは乳幼児対象の児童デイサービスⅠ型と、学校に通っている障害児対象の児童デイサービスⅡ型となり、中高校生の利用が増えていきました。2012年に児童デイサービスⅠ型は「児童福祉法」のもとの「児童発達支援事業」に、Ⅱ型は「放課後等デイサービス」となり現在に至っていますが、利用児数は激増しており、財務省からの支出抑制圧力が強まっているのも事実です。

10名規模の事業の報酬単価が相対的に高いため、1日の利用定員が10名規模の放課後デイがほとんどです。小学生から高校生までが基本的な利用者なので、長い子は12年間利用すること

放課後デイができてきた経過（時系列）

1960年代後半	不就学をなくす運動 >>> 日曜学校・土曜学級の開催
1972年	心身障害児通園事業が乳幼児のための補助事業として開始
1979年	養護学校義務制実施、その後高等部進学運動
1992年	学校週5日制を9月より月1回実施
1995年	学校週5日制の月2回実施 >>> 2002年度から完全実施へ
1997年	放課後健全育成事業（学童保育）が児童福祉法に位置付く
1998年	心身障害児通園事業が「児童デイサービス」に変更 >>> 小学生も対象に
1990年代後半	各地で障害児の放課後・長期休暇の生活実態調査
2003年	児童デイサービスが「支援費制度」の制度に >>> 小学生利用急増
2006年	「障害者自立支援法」下の学齢児対象「児童デイサービスII型」に変更
2012年	「児童福祉法」下の「放課後等デイサービス事業」となる

になり、そうなると新規利用者の受け入れは早晩難しくなり、そのこともあって事業所数が急増しているといえます。１日の利用は10名の児童・生徒で、基本は５対１の職員配置なので、学童保育よりはゆとりがあるように見えますが、小学１年生から高校３年生までが一室で放課後を過ごすには、活動内容等工夫が必要になってきます。そうしたこともあって、小学生の間は学童保育と併行利用している子どもも多いかと思われます。

学校自体が「ブラック職場」といわれるような状況なので、学童保育や放課後デイのような放課後の場は「もっと貧しい条件」に置かれているともいえるのですね。こども家庭庁は「こどもの居場所づくり」答申で、放課後デイも「居場所」として位置付けていますが、児童館とは異なり「利用料」が発生する放課後デイに関しては、保護者も通う子どもも、「居場所」以上のことを求めているのではないでしょうか。

Chapter 2

子どもにとっての放課後デイ

1 障害のある子にとっての放課後生活

障害の有無に関係なく、放課後は、学校生活とも家庭生活とも違う意味をもっています。朝夕、食事し眠る場としての家庭生活は、生命の安全と安心の基盤となります。学校は元気のよい時間帯に、教師に主導されて、新たな学び、新たな世界に挑戦する場です。本来、子どもたちは知的好奇心にあふれています。そんな子どもたちが、意味を感じて「学びの主体」となりうるような学校生活を保障しえているのかが問われます。放課後は疲れが出てきた時間帯だから、「好きなこと」を通して世界を広げることに意欲をもちます。仲間との遊びが好きな子、読書が好きな子、モノづくりや技を極めることに意欲的な子、勝負に勝つことが好きな子、それぞれが自ら選んだ活動を通して主体性を発揮するのが放課後生活ともいえるのです。

学童保育での障害児も仲間と楽しく世界を広げうるのですが、お互いの能力が見えてきた小学生では、part1の3で紹介したカヨちゃんのように「学年が上なのに漢字の読み書きができない」といった学習面だけがクローズアップされることも出てきます。学童保育らしく「キャンプに向けた料理作り」のような、好きなことや得意なことを通して、学習とは異なる軸で障害のある子のことを周りの子がとらえ合える取り組みが必要とされます。息子は1年下のダウン症児と毎年キャンプに取り組む中で、「1年生の時はお父さんが世話したけど、2年生では班長の僕がトイレに連れて行かないかんくてイヤだった。でも今年はちゃんと自分でトイレに行けたよ。発達したんだよ」と、息子らしい表現で報告してくれ、「楽しい行事をともにし、積み上げること」で、子どもたちの仲間を見る目が広がることを実感させられました。

障害がある子が放課後生活に求めることの基本は、障害がない子どもたちと共通していますが、残念ですが、実際は「好きなこと」を仲間と共有する機会が乏しくなりがちです。特別支援学校に通学している、「障害が重い」といわれる子どもの場合は、校区の子どもと出会う機会は少なくなりますし、学童保育での受け入れも少ないのが実態かと思います。特別支援学級に通う子は、低学年のうちは近所の子と遊ぶことがあっても、次第に疎遠になっていきます。それは、子どもたちの人間関係が「気の合う子」「趣味の合う子」との関係になっていくからです。通常学級で学んでいても、周りの子と気が合いにくい子は、私がそうであったように、学校から出されたグループ課題に取り組む以外は、家で、一人で過ごすことも多くなります。

保護者はそうした姿そのものが心配だし、家族が相手する必要性が高いことが、将来に向けた心配ともなり、障害のある子が「放課後過ごす場」へのニーズの高まりにつながったのでしょう。もちろん、学童保育同様に、働く保護者が安心して働き続けるためにも放課後生活の場が求められていました。

しかし通うのは子ども自身ですから、子どもにとって魅力的な場であってほしいですよね。

2 放課後デイと子どもの「障害」

放課後デイは、子どもの発達支援の場として位置付いていることもあって、学校同様に「できないことをできるようにする場」として考えている保護者もいます。医師が「障害を診断する」時は「発達の偏り」や「遅れ」を中心にして診断するため、保護者の中には「できないことをできるようにする」「集団生活で問題となる行動を治す」ことを求めてこられる場合がありますし、そうしたことを宣伝している放課後デイがあるのも事実です。こうした障害のとらえ方は「医学モデル」といわれ、「日本は医学モデルが強すぎる」と国連から批判されています。

子どもが毎日をその子らしく生き生きと楽しく過ごしていく上で、生活上の配慮を必要とする状態として障害をとらえるのが「生活モデル」で、そうした配慮が社会的に保障されていないことが障害なのだと考える「社会モデル」に立ち、障害のある子の人権を総合的に保障しようというのが「人権モデル」なのですが、みなさんはどうとらえているでしょうか。

放課後デイのケース検討会に参加すると、「友達を叩く」「いきなり飛び出す」といった、子どもの示す「問題」に職員の意識が焦点化されがちなことを感じます。それだと「医学モデル」の見方だということになります。

まずは生活モデルに立って、子どもが生き生きと楽しんでいるのはどういう時なのか、その子の好きなことや関心を大切にしているかを探すことが大切です。しかし、1日の利用定員の関係で、複数のデイを利用せざるをえない子どももいるでしょうし、中学生になるにあたり、学童保育を利用できなくなった分を放課後デイでカバーできるかも問題です。どちらかというと本人の選択ではなく、定員が空いているか否かで通う場が決まる現実もあるかと思います。それだけに、放課後デイが子どもたちの放課後過ごす場としてふさわしい場となるよう、ケース検討をはじめとした研修が重要なのだと思っています。

3 障害が重い「リズム女子」にとっての放課後デイ

ケース検討会を通して、子ども理解を深めることで、取り組みがどう変化していくのかを具体例で考えてみましょう。

知的障害の特別支援学校に通う5年生女子。ことばでの意思表明も自力歩行も難しく、両手を持って介助すると立ち上がり、両手支え歩きが可能という状態でした。からだが大きく生理が始まったこともあり、保護者の願いは「せめてトイレに自分で行けるようになってほしい」というものに。保護者としては切実な願いですよね。そうなると学校の個別指導計画でも、放課後デイの「個別指導計画」でも「トイレの自立」が目標となり、ことあるごとに「トイレに行こう」と誘導されるようになりました。

放課後デイでは、トイレ誘導のために職員が彼女の前に腰を下ろし、彼女の手を取ろうとすると、彼女は「絶対に立たない」というようにギュッと職員の両手首をつかみ、「それがあまりにも痛いからなんとかならないか」というのがケース検討会で出された内容でした。ケース検討会参加者の事業所見学の折に、物は試しと彼女の前に腰を下ろして手を出すと、私の両手首をすごい力でギュッとつかみ、「これは痛いわぁ」。

保護者がトイレの自立を願っていても、子どもはそんなことを放課後デイに求めてはいません。好きな楽しい活動を楽しむことを求めているはずです。責任者に彼女の好きな活動を聞くと、保育士の責任者がピアノを弾いて取り組むリズム活動では、体を揺らして笑顔で楽しんでいるとのこと。好きなリズム活動を増やして職員との関係を「イヤなことをさせるな！」という拒否から、一緒に好きなことを楽しむ関係に変えようと提起したら、職員が足りないのでそうそうピアノを弾けないとのこと。だったら、彼女が体に楽しさを実感できるような道具を活用してはと提案しましたが、それも「お金がないのでトランポリンやブランコは買えません」と言われました。

その後のグループワークを通して、廃材を活用して斜面を作り、彼女が滑ることを楽しむ活動を位置付けることになりました。斜面に彼女を連れて行き何度か滑らせていたら、自分で這ってのぼり自分から滑るようになり、楽しくて声も出すようになりました。彼女の楽しそうな姿に、一緒に滑る仲間ができ、その仲間が「トイレに行く」と立ったら、「私も連れていけ」というように両手を職員に差し出し「自分から仲間についてトイレに行きました」と、後日、うれしい報告をもらいました。

保護者の願いや「気になる行動」に焦点化されやすい職員の意識が、ケース検討会で子どもの好きなことを出し合い、好きなことを活かす活動を考え合うことで、子どもの楽しい世界を広げることにつながり、仲間とともに好きな世界を楽しむことで仲間との関係が豊かになり、子どもは自ら変わっていくのです。そうした放課後生活を、重い障害があるという子にも保障したいものです。

Chapter 3

学校で頑張っている子にとっての放課後デイ

part2の3で、「相撲少年」のことを紹介しました。4年生までは発達障害児対象の特別支援学級で学んできたけれど、5年生になって保護者の希望で通常学級に移籍した男子が、通常学級ではひとこともしゃべらなくなり、その分を取り戻すかのように放課後デイに帰ってくると、「お前らバカか」「お前らこんなこともできんのか」と低学年の子どもたちに暴言を吐くようになりました。そんな彼のために放課後デイで取り組めることはないかとケース検討会で話し合った結果、彼の好きな相撲をテーマに企画を組むことに。ちょうど7月で名古屋場所が開かれる時期だったこともあり、「相撲部屋巡りツアー」を職員と彼とで計画し、放課後デイに通ってくる仲間たちに提案。お相撲さんを直接見たことのない子どもたちは期待をもって

「ツアー」に参加し、彼の相撲部屋や力士に関する知識の豊富さに感嘆の声をあげ、もちろん職員も感動し、みんなに認められることで暴言は消え、夏期休暇中も「よきリーダーとして活躍した」といううれしい報告を、２学期初めのケース検討会で聞くことができました。

相撲少年のように、学校での頑張りを求められることでしんどい思いをする子にとっては、放課後デイは「子どもの権利条約」31条の「休息、遊び、レクリエーションの権利」を保障する場ということになります。

家庭生活に課題がある子どもの場合も、まずは放課後生活で取り組めることは何かを考えたいものです。夜中に起きて、日中に放課後デイで眠ってしまっていた「眠り姫」は特別支援学級に通う子でした。ケース検討会で話し合い、眠る場所を決めて放課後デイで眠ることを尊重した上で、彼女の好きな遊びを職員がともに楽しむことを重視することに。公園のブランコが好きなので、公園に行く際に職員がお友達を誘うようにしていたら、友達が彼女を誘ってくれるようになり、20分寝たら自分から起きて、年上の女子と遊ぶようになり、見通しをもって生活するようになりました。

学校生活や家庭生活を見直すことも必要でしょうが、好きなことを中心に据えることのできる放課後生活だから、取り組めることがあるのだともいえます。自分の思いが受け止められ、よさが認められていることを実感できる場が、こころの居場所となり、世界を豊かに広げうるのだといえるのではないでしょうか。

私はケース検討の際、報告者に、A君、Bさんといった仮名ではなく、子どものステキさを表すニックネームをつけていただいています。「リズム女子」「相撲少年」「スキマ少年」「掃除機BOY」「眠り姫」「電車男」などなど、検討会参加者がその子をイメージし好きになるための工夫の一つです。放課後生活を豊かにするアイデアがいっぱい出るといいな、と思いながら検討会に参加しています。

学童保育の障害児保育においても、「支援対象」としてだけでなく、その子のよさや持ち味を集団生活の中で活かすことに挑戦していただくことを願っています。

おわりに

遊びが中心だった保育園時代とは異なり、小学生になると学校での学習生活が生活の中心に座ることになります。教育学者だった夫は、子どもを理解するためには授業だけではなく、子どもたちの生活に目を向ける必要があると、「生活指導論」を専門にしていました。夫が亡くなって既に16年が経過していますが、孫も小学生になった今、「小学生大好き」「学童保育大好き」だった夫の思いもこめて、本にまとめてみたいと思いました。

教員も保護者も、学校生活に適応することを子どもに求めがちですが、子どもたちの多様性や主体性を尊重するのであれば、現在の学校のあり方も問われなければならないと思います。不登校もいじめも、そして増えつつある小学生の自殺も、子どもの側の問題というよりは、子どもたちの実態や思いを無視して「学習指導要領」や「学力テスト」を押しつけ、教員が子どもたちとゆとりをもって学び合えるようなクラス定数の見直しなどを怠ってきた、文部科学省や都道府県教育委員会の硬直した姿勢に問題があるのだと思います。「こども基本法」が制定されたのですから、「子ども主体の教育とは？」「子どもの権利を尊重するとは？」と、文部科学省や中央教育審議会は、学校教育のあり方、教員の働き方、教育条件等の改善について、真摯に向き合い取り組んでほしいものです。

だからせめて放課後くらいは、子どもたちが自由に楽しく「その子らしさ」を花開かすことのできる時間であってほしいと考えています。教員養成課程においては、「児童福祉」の学びを与えられていない学生が多いため、教員は子どもたちの家庭生活や放課後の生活支援施策に関して学び考える機会を奪われています。そのこと自体が問題です。「日本国憲法」25条で「健康で文化的な最低限度の生活」の保障がうたわれ、そのことをふまえて26条で「教育権」が規定されていることの意味を考えたいものです。社会が平和であることを前提として、「日本国憲法」13条の、子どもの生命・自由・尊厳、そして健康で文化的な生活が保障されることで、充実した学びが成立するのだということを、教員にも学童保育指導員のみなさんにも、そして保護者にもともに考えていただく材料として、この本を使っていただければうれしいです。

学年トップの成績で生徒会長も務めていたけれど、帰宅後、押入れにこもって「自殺のしかた」を考えていた中学生時代の私。成績や学校の評価よりも大切なことは何なのか、みなさんの小学生時代を思い出しつつ、語り合い考え合っていただければ幸いです。

『日本の学童ほいく』誌編集部には、この本の出版を快くお認めいただいたことを感謝しています。掲載時とは少し異なる文章も一部ありますが、著者に免じてお許しください。

初出
ｐａｒｔ１『日本の学童ほいく』２０１５年10月号から２０１６年３月号、全国学童保育連絡協議会
ｐａｒｔ２『日本の学童ほいく』２０２３年４月から９月号、全国学童保育連絡協議会

著者
近藤 直子（こんどう なおこ）

日本福祉大学名誉教授
NPO あいち障害者センター理事長
全国発達支援通園事業連絡協議会会長
編著書に『続　発達の芽をみつめて――かけがえのない「心のストーリー」』（2009）、『“ステキ”をみつける保育・療育・子育て』（2015）、『子どもたちに幸せな日々を――子どもと保護者の発達を保障するために』（2018）、全障研出版部。『ていねいな子育てと保育――児童発達支援事業の療育』（全国発達支援通園事業連絡協議会／編著、2013）、『療育って何？――親子に笑顔を届けて』（全国発達支援通園事業連絡協議会／編著、2018）、『子どものかわいさに出あう――乳幼児期の発達基礎講座　増補版』（2021）、『気になる子の秘められた魅力』（2022）、『3 歳までの親子支援と保育・療育――「こども家庭センター」のあり方をさぐる』（全国発達支援通園事業連絡協議会／編著、2023）クリエイツかもがわ。

小学生のこころを育む放課後生活
こころの居場所となる学童保育・放課後デイって？

2024年 12 月 5 日　初版発行

著　者　近藤直子
発行者　田島英二
発行所　株式会社 クリエイツかもがわ
〒601-8382　京都市南区吉祥院石原上川原町21
電話 075（661）5741　FAX 075（693）6605
ホームページ　https://www.creates-k.co.jp
郵便振替　00990-7-150584
装　丁　菅田　亮
印刷所　モリモト印刷株式会社

ISBN978-4-86342-378-7 C0036　Printed in Japan